Anselm Grün

Abschiede – Aufbruch in neue Welten

© Verlag Herder GmbH, Freiburg im Breisgau 2022
Alle Rechte vorbehalten
www.herder.de

Satz und Gestaltung: Gestaltungssaal, www.gestaltungssaal.de
GGP Media GmbH, Pößneck
Herstellung: Printed in Germany

ISBN Print: 978-3-451-03400-8
ISBN E-Book: 978-3-451-82830-0

Anselm Grün

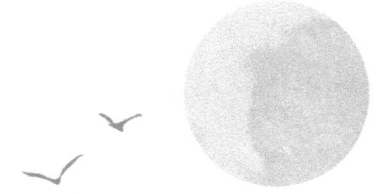

Abschiede –
Aufbruch
in neue Welten

Vom Mut loszulassen und der Kraft
weiterzugehen

Herausgegeben von Rudolf Walter

HERDER

FREIBURG · BASEL · WIEN

Inhalt

Unsere Abschiede
Einführung

Abschiede gehören zum Leben – vom Anfang bis zum Ende

Abschiede gehören zu unserem Leben, auch zur Normalität unseres Alltags. Wir verabschieden am Morgen die Kinder, die in die Schule müssen. Wir verabschieden uns vom Partner, wenn wir zur Arbeit gehen. Am Abend verabschieden wir uns von den Arbeitskolleginnen. Wir verabschieden uns von den Nachbarn und Bekannten, wenn wir in eine andere Stadt ziehen. Und wenn wir uns von Freunden verabschieden, verabreden wir ein Wiedersehen und freuen uns schon auf das nächste Treffen. Die Söhne und Töchter verabschieden sich, wenn sie erwachsen werden und aus dem elterlichen Haus ausziehen. Sogar von Dingen verabschieden wir uns, die entweder kaputt gegangen sind oder die wir nicht mehr brauchen können. Und wir verabschieden uns von lieben Menschen, wenn sie sterben. Das ist, anders als alle vorläufigen Abschiede, etwas Letztes, Endgültiges.

Abschiede haben etwas Alltägliches. Sie können aber auch Grenzerfahrungen sein: am Anfang und bis zum Ende. Mit der Geburt fängt es an, also mit der Trennung des Neugeborenen von der Symbiose mit der Mutter, die ihm neun Monate Heimat geboten hat. Mit der Entbindung und Abnabelung beginnt in unserem eigenen Leben etwas Neues. Und es geht bis zum „letzten Abschied". Der Tod, der uns allen sicher bevorsteht, tritt oft genug ein, ohne dass wir darauf vorbereitet wären, und von ihm wissen wir nicht, was uns hinter seiner dunklen Tür erwartet. In der Zwischenzeit erfahren wir oft genug, dass Leben und Sterben zusammengehören. Denn noch im Sterben ist Leben. Und Leben ist in seinem ständigen Wandel immer auch von einem Sterben bestimmt: Stirb und Werde, Abschiednehmen und Weitergehen – das ist das Lebensgesetz.

„Hilft nicht. Es muss gegangen sein."

Abschiede haben immer ein Doppelgesicht. Das eine Gesicht blickt zurück, das andere nach vorne. Es geht ums Weggehen und darum, sich neu einzubinden und zu „verorten" – wie das den Flüchtlingen abverlangt ist, die in der letzten Zeit zu uns kamen. Und es geht immer auch um Zeit, um Vergangenheit und Zukunft: Es gibt ein Davor und ein Danach. Und die oft genug nur schmerzhaft erlebte Gegenwart, den Moment der Trennung. Abschied kann einen „Zwischenraum" eröffnen – vor der nächsten Begegnung. Oder aber es wird Schluss gemacht, was ein Aus, ein definitives Ende bedeutet – und einen neuen Anfang, eine neue Hoffnung: Tor in neue Welten.

Im Abschied liegt auch die Verheißung von etwas Neuem. So gilt es, durch den Schmerz des Abschieds hindurchzugehen, damit das Leben sich erneuert. Wer keinen Abschied wagt, der bleibt in etwas hängen, was ihn in der Vergangenheit festhält.

Und es geht bei Abschieden auch in anderer Hinsicht um ein Zweifaches. Da sind diejenigen, die Abschied nehmen und aufbrechen, vielleicht zu neuen Ufern. Und es gibt diejenigen, die bleiben – nicht nur im Todesfall: die Hinterbliebenen, die Zurückgelassenen. Die Asylbewerber zum Beispiel, die nach einer gefährlichen Flucht hier bei uns auf dem Klostergelände leben, haben ihre Angehörigen, ein soziales Umfeld und manche Hoffnungen in der alten Heimat zurückgelassen. Und auch die Pflegehelferinnen aus Polen, die heute in vielen Familien alten Menschen helfen, haben zu Hause fast immer ihre Kinder, ihre eigenen Eltern.

Abschiede sind auch Wendepunkte: Wer sich verabschiedet, dreht sich um und geht in eine andere Richtung weiter. Sein Leben nimmt eine andere Wendung. Es geht auch bei unseren Ablösungen und Trennungen ja immer um ein Beziehungsgeschehen – ob eine alte Beziehung nun beendet oder eine neue angezielt wird. Auch wenn eine Bindung gelöst wird, setzt das die frühere Verbindung voraus, es bestätigt sie gerade. Eine Tür kann sich schließen. Eine Tür kann sich auftun. Leben geht weiter. Und auch wer sich verabschiedet, hat einen neuen Weg vor sich, auch wenn der nicht leichtfällt. Hilde Domin hat das in ihrem Gedicht „Die schwersten Wege" in die Worte gekleidet: „Stehenbleiben und sich umdrehn / Hilft nicht. Es muss gegangen sein."

Ganz unterschiedliche Emotionen

Es gibt, entsprechend, eine ganze Skala von Emotionen, die sich damit verbinden, je nachdem, um welche Abschiede es sich handelt: Das Gefühl von Erleichterung und Hoffnung ist da genauso möglich wie Wehmut und Sehnsucht, Melancholie oder Trauer. Schon die uralten Geschichten der Bibel kennen das: Die ersten Menschen wurden aus dem Paradies vertrieben. Dieser unwiederbringliche Verlust des Idealzustandes ist etwas ganz anderes als der hoffnungsfrohe Aufbruch eines unterdrückten Volkes und sein „Exodus" in die ersehnte Freiheit, auch wenn man dabei auf „Fleischtöpfe" verzichten muss. Paradies und Exodus: Beides Abschiede. Beides Sehnsuchtsziele.

Und es ist natürlich etwas anderes, ob jemand aus seinem Beruf gemobbt wird und mit einem knappen Brief von seiner Kündigung erfährt oder beim Ausscheiden aus dem Amt mit einem großen Zapfenstreich öffentlich geehrt wird. So wie ein feuchtfröhlicher Junggesellenabschied ja auch nichts gemein hat mit einer stillen Trauerfeier. Oder nehmen wir einen Umzug als Beispiel: Wer sich aus einer studentischen Wohngemeinschaft endlich in die eigene Wohnung verabschieden kann, freut sich. Aber später im Leben, wenn man aus den privaten und vertrauten vier Wänden in ein Pflegeheim zieht, kann ein Umzug sehr schwerfallen. Es gibt eben ganz unterschiedliche Abschiede: aufgezwungene, aufgenötigte und leichte, freiwillige, abrupt-plötzliche und schleichende, die man kaum wahrnimmt, vorübergehende und dauernde, gelungene und verunglückte, würdige und unwürdige, heilsame und kränkende, leichtfüßige und holpernde, herzzerreißende. Solche mit einem nur leicht wehmütigen „Sag beim Abschied leise Servus" am Ende. Aber immer auch solche, die man mit einem befreienden Aufatmen begrüßt: *Endlich!*

Es gibt ganz unterschiedliche Abschiede: aufgezwungene, aufgenötigte und leichte, freiwillige, abrupt-plötzliche und schleichende, die man kaum wahrnimmt, vorübergehende und dauernde, gelungene und verunglückte, würdige und unwürdige, heilsame und kränkende, leichtfüßige und holpernde, herzzerreißende.

Alles ändert sich gerade

Abschiede ändern sich, gerade in einer Zeit der globalen Mobilität und der permanenten technischen Erreichbarkeit durch das Internet. Wer früher ins Ausland auswanderte, war oft für Jahre unerreichbar. Heute sind Distanzen über Kontinente hinweg kein Problem mehr. Schüler, die ein Auslandsjahr machen, haben die technische Möglichkeit, in Bild und Ton ihren Eltern nahe zu sein, ob sie nun vorübergehend in Australien leben oder sich in Südamerika aufhalten. Aber wenn sich ein Mann von der Freundin (oder umgekehrt) einfach durch einen Klick per WhatsApp trennt, gehört auch das zur neuen Zeit – und ist umso schmerzlicher für den so „abservierten" Menschen. Und ganz allgemein: Die globalisierte Welt, die sich so rasant verändert, hat mehr Nähe ermöglicht und Erreichbarkeit produziert. Aber auch die Auswirkungen eines Krieges, Fluchtbewegungen, Migrationen und millionenfacher Verlust von Heimat gehören zu den Erfahrungen unserer Gegenwart.

Nicht nur als Einzelne sind wir betroffen. Gerade heute machen wir die Erfahrung, dass sich vieles ändert, was nicht allein in unserer Hand liegt. Es geht plötzlich alle an. Gewohnte Sicherheiten brechen in vielen Bereichen weg und

....

Abschiednehmen kann ein kraftvoller
und positiver Akt sein, wenn in wenn
in einer festgefahrenen Lebenssituation
eine bewusste Entscheidung getroffen
und ein neues Ziel ins Auge gefasst wird.

....

„Normalität" scheint es nicht mehr zu geben. Angst und Ohnmacht sind die Folge. Der Mut, Altgewohntes bewusst loszulassen, und die Kraft, aktiv weiterzugehen, sind dann in vielfacher Hinsicht gefordert. Nicht nur die Kirchen sind in diesem Umbruch hineingezogen und weithin verunsichert. Koordinaten unserer ganzen Gesellschaft ändern sich zudem mit den rasanten Umbrüchen. Da sind nicht nur Kriege, die uns bedrohlich näher rücken. Wir sind tiefgreifend in Mitleidenschaft gezogen auch von einer Klimakatastrophe, die das Leben auf der Erde insgesamt gefährdet. Wir spüren die Folgen eines plötzlichen Pandemieausbruchs, die unsere Vorstellung von Normalität verändert haben. Das ist etwas anderes, als wenn individuelle Beziehungen sich verändern und abbrechen oder mitten im Leben Verluste zu verkraften sind. Aber auch solche Umbrüche von außen stellen uns vor die Aufgabe, manches loszulassen, trotz allem Mut zu fassen und zu vertrauen, dass sich neue Wege für eine gelingende Zukunft auftun.

„Abschiednehmen ist die schlimmste Erfahrung, das allerschlimmste Wort für mich", so hat mir jemand gesagt, dessen Frau vor kurzem gestorben war. Und so ist es, wenn man sich von Schönem, von lebendig Gelebtem, von Vertrautem und Beglückendem trennen muss. Aber Abschiednehmen kann auch ein kraftvoller und positiver Akt sein, wenn in einer festgefahrenen Lebenssituation eine bewusste Entscheidung getroffen und ein neues Ziel ins Auge gefasst wird. Es ist nur erleichternd, wenn jemand eine unwürdige Arbeit hinter sich lassen kann, einengende Verpflichtungen oder ungewählte Belastungen abschüttelt, oder sich endlich aus einer nur schwierigen Beziehung befreit: „Nie wieder!"

„Weggehen können. Und doch sein wie ein Baum": Was die Künstler sehen

Wenn die Erfahrung des Nichtdauerhaften, die Erfahrung von Veränderbarkeit und Flüchtigkeit so zentral zum Leben gehört, ist es wichtig, davon zu erzählen, es im Bewusstsein zu halten und in der Erinnerung aufzubewahren. Kein Wunder also: Das Thema taucht bei vielen Dichtern und Schriftstellern auf, als menschliche Grunderfahrung, aber auch als Herausforderung: „Man muss weggehen können. Und doch sein wie ein Baum", heißt es zum Beispiel, wiederum bei der exilerfahrenen Hilde Domin, in dem Gedicht „Ziehende Landschaft". Peter Schünemann hat in dem Lesebuch „Lauter Abschiede" lyrische, erzählende Prosa, Briefe von Dichtern aus vielen Jahrhunderten zum Thema gesammelt: Abschied von der Kindheit oder von einer Zeit, die unwiederbringlich vorbei ist, Abschied beim Erlöschen einer Liebe, beim Verlust

Kunst bringt uns mit eigenen Erfahrungen von Abschied in Berührung. Wenn wir uns diesen schmerzlichen Erfahrungen stellen, dann wächst in uns die Hoffnung, dass wir nicht darin stecken bleiben, sondern immer wieder einen neuen Aufbruch wagen.

von Heimat, beim Tod, bei der Zerstörung in Kriegen. In seinem Vorwort meint er, dass „große Literatur, genau gelesen, immer eine vom Abschied ist, Zeugnis der schmerzlichsten Erfahrung überhaupt". (Schünemann 12) Wir können solche Texte nicht lesen, ohne mit unseren eigenen Abschiedserfahrungen in Berührung zu kommen. Die Dichter geben uns Worte in die Hand, mit denen wir individuelle und persönliche Erfahrungen zum Ausdruck bringen können. Auch wenn diese Texte oft sehr traurig und niederdrückend sind, so leuchtet in ihnen doch schon das „Licht in der Nacht" auf,

„das über der gebrochenen Linie des Abschiedshorizontes liegt" (ebd. 16).

„Fern kann er nicht mehr sein/ der Tod", so beginnt ein Gedicht, das Reiner Kunze zu seinem eigenen 85. Geburtstag geschrieben hat: Darin die Zeilen: „Doch sag ich, ehe ich´s/ nicht mehr vermag:/ Lebt wohl!/ Verneigt vor alten Bäumen euch/ und grüßt mir alles Schöne". Nicht nur Schönheit, Natur und Lebenszustimmung, sondern auch Vergänglichkeit sind hier angesprochen. Wesentlich ist auch die Aufforderung, den Abschied bewusst zu gestalten: Verneigung – das ist ein bewusstes Ritual.

Lebensjubel, aber auch Schmerz: „Seufzen, Tränen, Kummer, Not" – wie es in einer Bachkantate heißt –, aber auch Trost – gerade auch in der Musik, der vergänglichsten aller Künste, sind sie hörbar gestaltet. Die großen Werke von Bach, Schubert, Schumann, Mozart oder Mahler zeugen davon. Berühmtes Beispiel eines schmerzhaften Abschieds, der den Sänger immer mehr in die Verzweiflung und Traurigkeit treibt, ist die „Winterreise". Der Text ist von Wilhelm Müller, den Franz Schubert meisterhaft vertont hat.

Schon im ersten Lied wird dieser Schmerz des Abschieds besungen: „Fremd bin ich eingezogen,/ Fremd zieh ich wieder aus./ Der Mai war mir gewogen/ Mit manchem Blumenstrauß./ Das Mädchen sprach von Liebe,/ Die Mutter gar von Eh'– Nun ist die Welt so trübe,/ Der Weg gehüllt in Schnee." Der Abschied von der Geliebten führt hier in trostlose Kälte und in die Fremde. Wir spüren die Verzweiflung des Abschiednehmenden, den Schmerz des Abschiednehmens, der hier nicht zu einem neuen Anfang führt, sondern in eine dauernde Traurigkeit und Einsamkeit. Doch gerade dadurch bringt uns die „Winterreise" mit eigenen Erfahrungen von Abschied in Berührung. Wenn wir uns diesen schmerzlichen Erfahrungen stellen, dann wächst in uns die Hoffnung, dass wir nicht darin stecken bleiben, sondern immer wieder einen neuen Aufbruch wagen.

Auch in populären Liedern oder Schlagern findet das Thema seinen Ausdruck. So fügt sich auch das wohl berühmteste Lied des Sängerpoeten Reinhard Mey „Gute Nacht, Freunde" gut in unseren Zusammenhang, gerade weil es so alltäglich lapidar daherkommt und doch auf ebenso typische wie sanfte Weise den Nerv der Dinge berührt: „Es wird Zeit für mich zu geh´n/ Was ich noch zu sagen hätte/ Dauert eine Zigarette/ und ein letztes Glas im Steh´n."

Die Dichter geben uns Worte in die Hand, mit denen wir individuelle und persönliche Erfahrungen zum Ausdruck bringen können. Auch wenn diese Texte oft sehr traurig und niederdrückend sind, so leuchtet in ihnen doch schon das „Licht in der Nacht" auf.

Auch wenn das Rauchen nicht mehr zu den heute normalen Gepflogenheiten gehört – es ist auch hier ein Zeichen, dass man bei Abschieden gerne auf Rituale zurückgreift, um Dinge auszudrücken, die einem auf dem Herzen liegen. Die Lakonie wird verstärkt durch dieses leichte Verzögern, das aber auch etwas Wichtiges hervorhebt und verstärkt. Bei Reinhard Mey ist es der Dank: Der Dank für den gemeinsam verbrachten Tag, für die Nacht unter dem Dach und für den Platz am Tisch der Freunde, für jedes Glas, das man ihm anbot – und auch „Für den Teller, den ihr mir zu den euren stellt/ Als sei selbstverständlicher nichts auf der Welt."

Abschiedlich leben heißt:
Neues wachsen lassen

Ob Dank – oder Wehmut: Abschiede sind Merkmale des Lebens, im Großen und im Kleinen. Rainer Maria Rilke hat es im Schlussvers seiner achten Duineser Elegie so formuliert: „So leben wir und nehmen immer Abschied." Abschied, so vielfältig er uns begegnet, bleibt immer zentrales, herausforderndes Lebensthema.

Da ist die Frage, wie uns die Abschiede gelingen und wie wir im Bewusstsein leben können, dass wir uns immer wieder verabschieden müssen. Wie beeinflusst das Wissen um die vielen Abschiede unser Leben im Hier und Jetzt? Abschiede, die uns oft unvermittelt, unvorbereitet und keineswegs immer gelassen treffen.

Hermann Hesse schreibt in seinem berühmten „Stufengedicht": „Wir sollen heiter Raum um Raum durchschreiten,/ An keinem wie an einer Heimat hängen." Das kann für Betroffene provozierend wirken. Kann Abschiednehmen denn auch als Voraussetzung für ein gutes Leben gesehen werden? Als Impuls, unser Leben zu ändern, neu auszurichten? Das ist die zentrale Frage, die ich in diesem Buch bedenken möchte, indem ich viele Bereiche des Lebens betrachte, Erfahrungen des Abschieds in der Lebensgeschichte von Menschen anschaue und indem ich versuche, achtsam zu sein auf das, was das überhaupt ist: das Geheimnis des Abschieds.

Es gilt also, genau hinzusehen und die richtige Perspektive zu gewinnen: Was macht das mit uns? Wie verwandeln uns solche Verlusterfahrungen? Und wie gehen wir weiter? Im Abschied liegt auch die Verheißung von etwas Neuem. So gilt es, durch den Schmerz des Abschieds hindurchzugehen, damit das Leben sich erneuert. Wer keinen Abschied wagt, der bleibt in etwas hängen, was ihn in der Vergangenheit festhält. Er ist unfähig, weiterzugehen, Neues in seinem Leben wachsen zu lassen und neue Räume zu erkunden.

Menschen werden dieses Buch auf dem Hintergrund ganz unterschiedlicher Erfahrungen lesen und sich durch ganz unterschiedliche Situationen angesprochen fühlen. Ich werde daher in diesem Buch auch viele Beispiele erzählen. Denn konkrete Abschiedserfahrungen zu hören und unmittelbar wahrzunehmen, wie andere Menschen damit umgehen, das berührt unser Herz oft mehr als theoretische Erklärungen. Einen großen Raum werden auch Erfahrungen einnehmen, die mit Tod und Sterben zusammenhängen. Denn diesen Abschied haben viele von uns schon bei lieben Menschen erlebt und er steht uns allen selber bevor, wenn wir selber sterben werden. Wie können wir uns auf diese Abschiede vorbereiten? Und was wird uns erwarten, wenn wir durch dieses letzte Tor gehen?

Zuletzt möchte ich all die Erfahrungen, die in diesem Buch zur Sprache kommen, zusammenfassen in konkreten Haltungen, die man einüben kann und die ein abschiedliches Leben prägen. Das heißt keineswegs, in bestimmten Situationen den Schmerz zu leugnen. Der kann schwer sein, sehr schwer sogar. Es meint auch nicht, einen Grauschleier über das Dasein zu legen oder gar in Depression zu verfallen. Im Gegenteil: Gemeint ist eine Kultur guten Lebens, das um seine Endlichkeit und Begrenztheit weiß. Aber gerade deswegen auch um seine Kostbarkeit. Und das dafür dankbar ist.

Was die Mönche bewegte:
Abschied von der Welt – Loslassen des Ego

Ein Blick auf die spirituelle Tradition

Mein Blick auf das Leben und das Thema „Abschied" ist auch geprägt durch den Umgang mit einer spirituellen Tradition. Denn was Abschied bedeutet, können wir auch von den frühen Mönchen lernen, die im 3. und 4. Jahrhundert bewusst Abschied genommen haben von der Welt und von einer Kirche, die für sie ihren ursprünglichen Schwung verloren hatte. Ihre Erfahrung zeigt mir, und kann uns allen zeigen, wie Abschiednehmen Aufbruch zu neuer Lebendigkeit wird, ja zu neuer Freiheit führen kann. Wir folgen ja auch heute Idealen und versuchen, unser Leben so zu gestalten, wie es diesen Idealen entspricht. Wir lesen Bücher spiritueller Autoren, vertiefen uns in philosophische Werke. Wir haben unsere Lieblingsautoren. Und wir sind heimisch geworden in unserem Glauben und in der Gemeinschaft der Kirche. Doch oft genug verlangt das Leben auch von uns, dass wir Abschied nehmen von früheren Vorbildern, von eingespielten Gewohnheiten, von vertrauten Idealen und Bildern. Wenn alte

....

Ein Blick auf die Erfahrung der Mönche
zeigt mir und kann uns allen zeigen,
wie Abschiednehmen Aufbruch zu neuer
Lebendigkeit wird, ja zu neuer Freiheit
führen kann.

....

Orientierungen nicht mehr tragen, ist es wichtig, nach neuen Ausschau zu halten. Der Blick in die Geschichte des Mönchtums zeigt mir eine Perspektive, die – bei allen Unterschieden – auch heute bedenkenswert ist.

Die Mönche sind aus der Welt ausgewandert, um in der Wüste allein Gott zu suchen. Ihr Abschied von der Welt ist prägend geworden für das geistliche Leben vieler Menschen. Sich auf den Weg zu Gott machen bedeutet für uns heute natürlich nicht unbedingt, wie die Mönche aus der Welt auszuwandern. Aber es verlangt einen inneren Abschied von der Welt. Paulus drückt das so aus: „Ich will mich allein des Kreuzes Jesu Christi, unseres Herrn, rühmen, durch das mir die Welt gekreuzigt ist und ich der Welt." (Gal 6,14) Das bedeutet, dass er sich nicht mehr von Maßstäben her definiert, die den Wert des Menschen nach seiner äußeren Anerkennung, nach seinen Erfolgen und nach seiner Geltung in der Gesellschaft messen. Die Begegnung mit Jesus Christus hat ihm eine ganz neue Qualität des Lebens ermöglicht.

Die zentrale Frage: Wie erlangen wir Freiheit und Erfüllung?

Diese Haltung hat in der Geschichte des Christentums immer wieder eine spirituelle Spur hinterlassen: In den Kantaten von Johann Sebastian Bach etwa wird immer wieder der Abschied von der Welt thematisiert. In der Kantate „Seht, welch eine Liebe hat uns der Vater erzeiget" (BWV 64) singt der Sopran: „Was die Welt in sich hält, muss als wie ein Rauch vergehen. Aber was mir Jesus gibt und was meine Seele liebt, bleibet fest und ewig stehen." Bach hat diese Arie in einer fröhlichen Melodie komponiert. Für ihn ist dieser Abschied von der Welt nicht etwas Trauriges und Bedrückendes, sondern er führt zur inneren Freiheit und Freude.

Im Hintergrund steht nach wie vor diese Frage: Wie erlangen wir in diesem Leben Freiheit und Erfüllung? Die frühen Mönche sprechen vom Sterben nicht nur als dem Tod am Ende des Lebens, sondern von einem Leben, das ein ständiges Sterben, ein ständiges Abschiednehmen von der Welt ist. Dieses Abschiednehmen von der Welt führt aber zu einer größeren inneren Freiheit. So heißt es in einem Väterspruch: Ein Bruder fragte den Altvater Moses: „Ich sehe eine Aufgabe vor mir und kann sie nicht erfüllen." Da sagte ihm der Alte: „Wenn du nicht ein Leichnam wirst wie die Begrabenen, kannst du sie nicht bewältigen." (Apo 505) Die Vorstellung, begraben zu sein, befreit uns von allem Druck, uns beweisen zu müssen, die Aufgabe perfekt lösen zu müssen, vor den Menschen gut dazustehen. Die Vorstellung, der Welt zu sterben, befreit uns zu innerer Gelassenheit und Fröhlichkeit.

Darum geht es: Freiwerden vom Ego

Von Abba Makarios dem Großen wird erzählt, dass er einem jungen Mönch, der ihn danach gefragt hat, wie sein Leben gelingen könne, die Aufgabe gestellt hat, die Toten auf dem Friedhof zuerst zu verhöhnen und dann zu loben. Als der junge Mönch vom Friedhof zurückkam, sagte ihm Makarios: „Du weißt, wie sehr du sie geschmäht hast, und sie antworteten dir nicht – und wieviel du sie gelobt hast, und sie haben nichts zu dir gesagt. So musst auch du sein, wenn du das Heil erlangen willst. Werde ein Leichnam, beachte weder das Unrecht der Menschen, noch ihr Lob – wie die Toten, und du wirst gerettet werden!" (Apo 476)

Der Welt sterben meint, sich weder von Lob noch von Tadel her zu definieren, sondern allein von Gott her. Das ist auch das, was die Buddhisten den Ich-Tod nennen. Man soll das Ego sterben lassen. Allerdings geht es nicht darum, das Ich zu töten. Denn es ist ja auch eine wichtige Quelle von Energie. Aber es geht darum, vom Ich frei zu werden, nicht anzuhaften am Ego, wie die Buddhisten sagen. Der „Abschied von der Welt" – so verstanden – führt uns zu einem Leben in innerer Freiheit und Gelassenheit. Die Haltung der Gelassenheit, zu der uns Meister Eckhart einlädt, kann den Abschied erträglicher machen. Gelassenheit hat ja immer mit Lassen und Loslassen zu tun. Wir lassen das Alte, um uns auf Neues einzulassen. Und Neues kommt immer auf uns zu, oft genug unerwartet und mit einer Kraft, die alles Bisherige in Frage stellt.

....

Der Welt sterben meint, sich weder
von Lob noch von Tadel her
zu definieren, sondern allein von
Gott her.

....

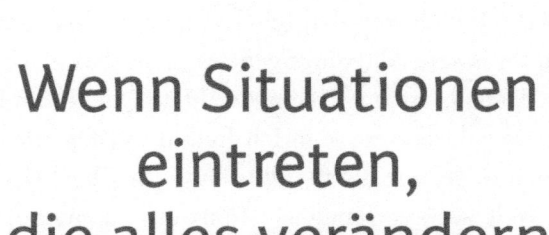

Wenn Situationen eintreten, die alles verändern

Klimakrise und Coronaschock: Verlorene Sicherheiten, notwendige Abschiede, heilsame Konsequenzen

„Die Welt eine Wolke, ohne Regeln"

„Abschiede", so heißt ein 2020 entstandener Text des niederländischen Autors Cees Nootebom. Er nennt ihn „Gedicht aus der Zeit des Virus". Darin ruft er „die Warnung, die niemand hören wollte, immer/ dasselbe" in Erinnerung. Wir haben nicht wahrnehmen wollen, was uns jetzt bedroht. Der Dichter findet ein eindringliches Bild für unsere Situation: „Die Welt eine Wolke/ ohne Regeln": Alles unübersichtlich und instabil also, so wie die Natur selbst? Und die Zukunft so nebulös wie die Antwort auf eine Frage nach den Aussichten? Das Gedicht jedenfalls stellt die Frage: „Das Ende vom Ende, was könnte das sein?"

Was könnte dieses „Ende vom Ende" denn sein? Könnte das, wovon wir uns verabschieden müssen, auch der Anfang von etwas Neuem werden?

Zum einen ist klar: Die Natur ist eine Wirklichkeit, die wir neu sehen müssen und nicht beliebig manipulieren können. Sie zeigt uns Grenzen auf, innerhalb derer wir mit ihr umgehen müssen. Wir müssen uns verabschieden von der Illusion, sie beliebig für unsere Zwecke ausnutzen oder sie auch nur kontrollieren zu können. Wir wissen nicht, ob und wann eine neue Pandemie auftreten wird. Und wir haben keine Ahnung, was an Naturkatastrophen wie Erdbeben, Überschwemmungen oder Tornados auf uns zukommen kann und wie weit der Klimawandel unsere Lebensgrundlagen beeinträchtigen oder zerstören wird.

Ein Damoklesschwert

Der Klimawandel hängt wie ein Damoklesschwert über uns. Die Bewegung „Fridays for Future" hat viele Menschen aufgerüttelt. Es gibt junge Menschen, die in Panik geraten, wenn sie an ihre Zukunft denken, und die eine große Wut auf die gegenwärtig handelnde Generation haben. Da ist der Ausspruch eines 17-Jährigen, Mitglied einer Aktivistengemeinschaft der Umweltschutzbewegung, die sich „Aufstand der letzten Generation" nennt: „Wer jetzt noch Hoffnung hat, ist zynisch." Ein anderer junger Mensch sagt bei einer Umfrage: „Hauptsächlich ältere, jedoch demografisch stärkere Generationen zerstörten und zerstören meine Perspektiven, auf einer gesunden Erde und in einer friedlichen Gesellschaft zu leben." Ältere Menschen dagegen fragen nicht weniger angstvoll: „Was kommt auf unsere Kinder zu? Wie werden meine Enkelkinder (4 und 2 Jahre) in 20 Jahren (über)leben?"

Wir haben unseren Lebensstil mit all den positiven Möglichkeiten genossen und gemeint, wir hätten einen Anspruch darauf. Davon gilt es Abschied zu nehmen.

Wir haben schon in den letzten Jahren erlebt, dass trockene und heiße Sommer Menschen und Natur belastet haben und dass es auch bei uns im Frühjahr und Herbst weniger geregnet hat. Obwohl es Warnungen gab (der Bericht des „Club of Rome" ist vor über 50 Jahren erschienen): Wir haben Jahrzehnte in dem blinden Glauben gelebt, dass ständiges wirtschaftliches Wachstum und steigender Wohlstand möglich sind. Von dieser Vorstellung müssen wir uns verabschieden, weil sie die natürliche Begrenztheit unseres Planeten außer Acht lässt. Wissenschaftliche Studien zum Klimawandel haben die Grenzen des Wachstums berechnet und gezeigt: Wenn wir so weitermachen wie bisher, erwartet uns bis 2100 eine Welt, die im Schnitt um 3–4 Grad heißer sein wird. Das hätte apokalyptisch anmutende Folgen: Anstieg des Meeresspiegels, Dürrekatastrophen, Wassermangel, extreme Stürme. Wissenschaftler beschreiben die katastrophalen Folgen, die ein nicht mehr umkehrbares „Kippen" des Klimas für das Leben unseres Planeten haben wird. Wir können uns gegen alles versichern. Doch wenn der Klimawandel ganze Küstenstreifen im steigenden Meereswasser untergehen lässt, wenn meterhohe Wellen in hoher Stundengeschwindigkeit ganze Häuser wegreißen und Ortschaften zerstören, wie das 2021 im Ahrtal geschah, und im Jahr 2022 in Australien, wo weite Landstriche verwüstet wurden, dann gilt es nicht nur in unserem Teil der Welt für viele Menschen, Abschied von der Heimat zu nehmen oder künftig beliebte Urlaubsorte zu streichen. Dann geht es weltweit auch an die Lebensgrundlagen vieler Menschen. Natürlich: Es gab auch früher schon Hungerzeiten. Im 19. Jahrhundert führten diese viele Menschen dazu, auszuwandern. Wir in Europa wissen heute allerdings nicht, wohin wir auswandern könnten. Denn überall ist die Welt unsicher. Ja, anderswo ist es offensichtlich noch schlimmer. Schließlich flüchten so viele Menschen nach Europa, weil sie hier für sich eher eine gute Zukunft erwarten. Wir müssen uns also jetzt Gedanken machen, Phantasie einsetzen und Pläne entwickeln, die über die Gegenwart hinausreichen. Wir müssen vorstellbar machen, wie wir unseren Planeten, das gemeinsame Haus Erde, auch für künftige Generationen intakt, bewohnbar und lebenswert erhalten. Die Vision des Milliardärs Elon Musk, auf den Mars auszuwandern, um dort das Weiterleben zu ermöglichen, ist jedenfalls für mich keine Vision, die wir weiter verfolgen sollten.

Wir haben die Natur nicht im Griff

Auch die Pandemie hat unser Leben erschüttert: Wir waren überzeugt, dass Epidemien wie Pest oder Cholera der Vergangenheit angehören und große Gesundheitskrisen zumindest in unseren Wohlstandsländern unwahrscheinlich sind. Dann hat die Pandemie die ganze Welt über Jahre in Atem gehalten und uns drastisch vor Augen geführt, wie labil und gefährdet generell unser Leben ist, auch hierzulande. Wir haben die Natur eben generell nicht im Griff. Das Virus hat nicht an einer Staatsgrenze Halt gemacht und die Gesundheit der Menschen weltweit bedroht. Als im April 2020 Militärlastwagen die Särge von Covid-19-Opfern durch das nächtliche Bergamo transportierten, wurde vielen erstmals klar: Der Tod, den wir so gerne verdrängen, ist in unserer Gesellschaft immer gegenwärtig. Die Pandemie hat uns während der Quarantäne in der Bewegungsfreiheit und in den sozialen Kontakten eingeschränkt und die Vereinzelung schmerzhaft spürbar gemacht. Sie hat uns auch gezwungen, von alten Gewohnheiten Abschied zu nehmen: nicht nur von der Gewohnheit, im Urlaub in ferne Länder zu reisen, oder von der selbstverständlichen Gewohnheit, jederzeit mit anderen in ein Restaurant zu gehen, ein Konzert oder eine Opernaufführung zu besuchen. Sie hat gezeigt, dass wir nicht einfach so weiterleben können. Auch sie hat Fragen nach unseren Werten und unserem Lebensstil gestellt. Wir haben unseren Lebensstil mit all den positiven Möglichkeiten genossen und gemeint, wir hätten einen Anspruch darauf. Die Krise fordert Konsequenzen auch für

> *Wir dürfen nicht in Ohnmacht verharren. Wir müssen überlegen, wie eine Transformation unseres Lebens aussehen kann, damit Hoffnung möglich bleibt, und wie wir diese Umgestaltung bewerkstelligen.*

unseren Alltag: wie wir uns ernähren, wie wir wohnen, wie wir unsere Mobilität künftig leben.

Wovon werden wir uns definitiv verabschieden müssen? Sicher nicht nur von der Idee, alles sei selbstverständlich. Sondern auch von der Illusion, wir hätten unser Leben immer im Griff und könnten die Welt insgesamt kontrollieren. Auch der typische „Macher" muss Abschied nehmen von seinen Allmachtsphantasien und sich bescheiden mit seiner begrenzten Fähigkeit, die Welt zu gestalten. Er muss diese bei aller Begrenztheit aber bewusst und gezielt einsetzen. Was wir alle lernen müssen: Die Unsicherheit auszuhalten gehört wesentlich zu unserem Menschsein.

Anfragen an den Lebensstil jedes Einzelnen

Natürlich muss sich im Großen, in Politik, Wirtschaft und Gesellschaft, viel ändern. Aber das Verabschieden liebgewordener Gewohnheiten tut auch dem Einzelnen weh. Etwa wenn unser Mobilitätsverhalten in Frage gestellt wird: Ist es zu vertreten, dass wir so viele Flüge unternehmen, immer weitere Fernreisen planen oder überall mit dem Auto hinfahren? Können wir unseren Fleischkonsum angesichts des Klimawandels noch vertreten? Heute haben wir ein neues Bewusstsein dafür bekommen, wie weit unser eigener Lebensstil zum Klimawandel beiträgt. Man spricht vom ökologischen Fußabdruck und meint damit die Auswirkungen unseres Handelns auf das Klima. Das betrifft alle unsere Lebensvollzüge, unsere Essgewohnheiten, den Wasserverbrauch beim Duschen, beim Gießen des Rasens, unseren Energieverbrauch beim Heizen, beim Betreiben elektrischer Geräte, beim Verkehr, egal ob Auto, Flugzeug oder Zug. Wir spüren, dass wir nicht einfach so weitermachen können wie bisher. Manchen macht das Angst, dass sie sich von liebgewordenen Gewohnheiten verabschieden sollen. Andere wiederum befürchten, dass uns vor lauter Moralisieren das Leben vergällt wird, wenn jeder Schritt, den wir tun, von Umweltmoralisten begutachtet wird. Es braucht ein bewusstes und zugleich freies Umgehen mit unserem Lebensstil. Vieles ist verzichtbar. Das einzusehen, spart auch Lebensenergie. Gewohnheiten nur so weiterzuführen wie bisher, ohne unser Verhalten zu prüfen, das gehört jedenfalls einer Vergangenheit an, von der wir uns verabschieden müssen.

Moralische Appelle reichen nicht

Wir dürfen nicht nur auf die Krisen starren. Wir müssen gleichzeitig überlegen, wie eine Umgestaltung unseres Lebens aussehen kann, damit Hoffnung möglich bleibt, damit sich Tore in eine bessere Zukunft auftun und unsere Welt auch für unsere Nachkommen gesichert und lebenswert sein kann. Dazu gehört, dass wir positive Auswirkungen wahrnehmen: Uns ist deutlich geworden, wie gut uns auch die Entschleunigung tut, wie wertvoll menschliche Nähe ist und wie wichtig unmittelbare soziale Kontakte sind. Es hat sich gezeigt, wie viel verzichtbar ist: dass Videokonferenzen etwa aufwendige Dienstreisen unnötig machen können. Und eine Untersuchung hat ergeben, dass der weltweite CO_2-Emissionsausstoß im ersten Jahr der Pandemie weltweit und auf das ganze Jahr gerechnet um 7 % reduziert wurde, weil es weniger Verkehr und weniger Produktion gab: Das ist in etwa der Wert, den wir jährlich bräuchten, um das Klimaziel zu erreichen. Durch moralische Appelle allein gelingt die Transformation offensichtlich nicht. Helfen könnte aber eine vertiefte spirituelle Beziehung zur Natur. Die spirituelle Beziehung will unsere Augen öffnen auch für die Schönheit der Natur. Das deutsche Wort „schön" hängt zusammen mit „schauen" und „schonen". Das Schöne kann ich nicht besitzen. Ich kann es nur schauen. Im Schauen vergesse ich mich, lasse das Schöne sein. Und das Schöne werde ich auch schonen.

Es geht also darum, auch auf die positiven Möglichkeiten zu schauen, die sich durch diese Krisen, die uns zum Abschied von alten Mustern drängen, für uns eröffnen. Der Konsumverzicht schont unsere Umwelt. Wir können die Natur wieder mehr genießen. Wir nehmen uns Zeit für langsame Spaziergänge, für ein Gespräch miteinander, anstatt durch die ganze Welt zu jetten. Wir bekommen ein neues Gespür für die Schönheit des Lebens, für das Wertvolle einer Begegnung und für die tiefere Dimension unseres Lebens. Wir nehmen uns eher Zeit, innezuhalten und im Innern den Raum zu entdecken, in dem wir bei uns selbst daheim sind. So wird der neue Lebensstil nach dem Abschied vom alten nicht karg und hart. Er bekommt vielmehr eine andere Qualität: die Qualität von Achtsamkeit und Dankbarkeit und der Offenheit für die Kraftquelle des Schönen.

Vieles ist verzichtbar. Das einzusehen, spart auch Lebensenergie. Gewohnheiten nur so weiterzuführen wie bisher, ohne unser Verhalten zu prüfen, das gehört jedenfalls einer Vergangenheit an, von der wir uns verabschieden müssen.

Die Drohung eines Krieges:
Mit Angst und Ohnmacht umgehen und Frieden suchen

Eine schockartige Erfahrung

Seit 2022 sind wir mit der Tatsache konfrontiert worden, dass zerstörerische Kriege auch in unserem Teil der Welt stattfinden. Für die meisten Menschen, die den Zweiten Weltkrieg nicht mehr selber erlebt haben und in deren Familiengeschichten die Kriegserfahrungen nie thematisiert wurden, für Menschen, die selber nie in Krisengebieten der Welt gelebt haben, schien es nicht real vorstellbar, dass sie noch eine massive Kriegsbedrohung in nächster Nähe erleben würden. Wir haben nach dem Zweiten Weltkrieg und in der Anstrengung des wirtschaftlichen Wiederaufbaus mit dem Rücken zu dieser Katastrophengeschichte gelebt. Und wir waren nach dem Zusammenbruch des Kommunismus in dem Glauben, dass die Welt stabil sei und wir in ihr friedlich zusammen leben können. Das Vertrauen auf ein durch Regeln geordnetes Zusammenleben bestimmte unser Sicherheitsgefühl. Das hat sich geändert.

Sicherheiten sind erschüttert

Die Globalisierung hat uns in vielen Bereichen miteinander verbunden. Unsere technische Welt ist angewiesen auf die Chips, und die wiederum benötigen Rohstoffe, die in anderen Ländern hergestellt oder gewonnen werden. Die Globalisierung hat in uns die Vorstellung geweckt, dass wir auf eine für alle vorteilhafte Weise wirtschaftlich so miteinander verbunden sind, dass niemand auf der Welt einen Krieg anfangen wird, um diesen gegenseitigen Nutzen zu zerstören. Doch die Ereignisse der jüngsten Zeit zeigen uns, dass wir uns auch von der Illusion friedlich gesinnter Staaten verabschieden müssen. Das Böse ist heute genauso real und wirkmächtig wie in früheren Zeiten. Die Aufklärung und die Bildung vieler Menschen sind keine Garantie, dass nicht auf einmal nationalistische und unter der Bewusstseinsschwelle liegende Tendenzen zu gewalttätigen Konflikten und zum gewaltsamen Krieg führen.

Und schließlich die Kriegsgefahr bzw. die Realität des Krieges: „S'ist leider Krieg – und ich begehre nicht schuld daran zu sein." Dieses nach dem verheerenden Siebenjährigen Krieg entstandene „Kriegslied" (1778) von Matthias Claudius ist plötzlich wieder brandaktuell. Wir haben Risiken falsch eingeschätzt und uns in der Sicherheit gewiegt, dass das Zeitalter der Kriege zumindest für unsere Breitengrade vorbei sei. Wir haben auch entweder gar nicht recht wahrgenommen oder verdrängt, dass im Jahr 2020 insgesamt 29 Kriege und bewaffnete Konflikte stattgefunden haben, die meisten weit weg: von Mali bis Myanmar, von Libyen, Jemen und Syrien bis zum Südsudan oder Kolumbien. Wir haben im Wegsehen eine innere Gleichgültigkeit gegenüber der Not und dem Leiden anderer entwickelt. Auch die Realität weltweit einsetzbarer Atomwaffen haben wir meist verdrängt. Sie sind immer noch eine ständige Gefahr. Nach dem

Wenn wir nur gelähmt auf das Leid der Menschen reagieren, helfen wir niemandem damit und schaden uns selbst. Unser Gebet und unser Handeln bringen Hoffnung in die Welt, Hoffnung auf Frieden und Hoffnung auf ein neues Miteinander.

Februar 2022 bekamen wir dann auf einmal zu spüren, wie unsicher der Frieden ist und wie schwierig Lösungen sind. Hilflose Ratlosigkeit, Entsetzen, das Gefühl der Ohnmacht – das war die allgemeine Reaktion. Wir haben gesehen, dass rationale oder humanitäre Argumente nichts bewirken gegen gewaltsam durchgesetzte Machtansprüche. Wir haben erlebt, dass die Diplomatie keine Chance hat, wenn ein Land Vereinbarungen einfach bricht. Es tut weh, von der Vorstellung Abschied zu nehmen, dass die Probleme der Welt mit kluger Diplomatie immer lösbar sind. Offensichtlich gibt es das Böse, das sich durch Gespräche nicht auflösen lässt, mit dem man rechnen und dem man standhaft widerstehen muss – auch wenn man die Konsequenzen nicht kennt.

Sich nicht von Ohnmacht lähmen lassen

Es ist wichtig, Abschied zu nehmen von einer Haltung, die die Augen verschließt vor dem Bösen, vor dem Katastrophenpotential, vor dem Destruktiven, das in der Natur ausbricht und im Menschen selbst lauert. Aber das darf nicht zu einem Fatalismus führen. Wir dürfen nicht gleichgültig wegsehen. Aber wir sollten uns angesichts des Leids, das wir in der Katastrophe eines Kriegs erleben, auch nicht lähmen lassen. So helfen wir keinem und schaden nur uns selber. Als Einzelne spüren wir unsere eigene Ohnmacht. Doch wenn wir unsere Ohnmacht, die wir in uns immer schon gespürt haben, auf das Kriegsgeschehen projizieren, gegen das wir machtlos sind, dann verstärkt das unsere Ohnmacht, unser Leben gut zu gestalten. Daher ist es wichtig, dass wir zunächst einmal bei aller Verbundenheit mit den Leidenden unterscheiden zwischen ihrer Situation und der unseren. Wir brauchen einen eigenen Stand, damit wir angesichts des Leids trotzdem unser Leben leben können. Dann geht es darum, aktiv zu reagieren und weder gleichgültig noch defätistisch zu sein. Beten kann in einer solchen Situation helfen. Denn das Gebet ist eine Form aktiver Reaktion. Wir tun etwas: Wir wenden uns an Gott. Wir vertrauen auch darauf, dass unser Gebet etwas bewirkt in den Menschen. Eine andere Form der aktiven Reaktion ist, sich aktiv helfend zu engagieren. Wenn wir uns dazu auch mit anderen zusammentun, stärkt das unsere Kraft, etwas in die Hand zu nehmen. Und wenn wir aktiv reagieren, dann fühlen wir uns nicht mehr gelähmt. Wenn wir dagegen nur gelähmt auf das Leid der Menschen reagieren, helfen wir niemandem damit und schaden uns selbst.

Wenn wir mitten im Chaos dieser zerstrittenen Welt einen inneren Zufluchtsort haben, verschließen wir nicht die Augen vor der Zerrissenheit der Welt. Aber die Probleme dieser Welt relativieren sich. Und wir spüren in uns einen Ort, von dem aus wir in diese Welt gehen können, voller Hoffnung, dass der Friede, der in uns ist, sich durch uns auch ausbreitet in der Welt.

Sauerteig des Friedens sein

In Kriegszeiten erleben wir, wie massiv Lügen Beziehungen zerstören. Was können wir in unserem eigenen Umfeld dagegen tun? Versöhnung beginnt mit einer versöhnenden Sprache. Wir können also achtsam im Blick auf unsere eigene Sprache sein. Wir nehmen wahr, dass ein aggressiver Umgang mit Sprache Feindschaften schürt und Spaltungen vertieft. Leider erleben wir auch in unserer eigenen Umgebung vor allen in den neuen Medien oft eine spaltende Sprache, die verurteilt und beschimpft. Eine versöhnende Sprache bewertet den andern nicht, sondern versucht ihn zu verstehen. Die Versöhnung mit anderen kann eher gelingen, wenn ich mich zuerst mit mir selbst und mit meiner Lebensgeschichte aussöhne. Denn wenn ich nicht mit mir selbst versöhnt bin, dann bin ich in Gefahr, all

Es geht darum, die Balance von Gelassenheit und Engagement im Handeln zu finden. Gelassenheit bedeutet, die Dinge erst einmal in Ruhe anzuschauen, zu sehen, wie sie wirklich sind, dann zu erspüren, wie Verwandlung möglich ist.

das, womit ich bei mir nicht versöhnt bin, auf die andern zu projizieren und bei den andern zu verurteilen und zu bekämpfen. Wer sich für den Besten und Stärksten hält, der verdrängt all das Schwache und Dunkle in sich und projiziert es auf die anderen. Wenn ich aber betrauere, dass ich nicht so ideal bin, wie ich das nach außen vorgebe, sondern eben durchschnittlich wie die andern auch, dann werde ich eher fähig, die anderen anzunehmen, wie sie sind. Vielleicht klingen diese Gedanken der Versöhnung unrealistisch angesichts eines grausamen Krieges. Doch wir dürfen vertrauen, dass dort, wo wir mit uns selbst und mit den Menschen um uns herum versöhnt leben, eine Bewegung in die Gesellschaft hinein entsteht. Jesus spricht vom Sauerteig, der eine Gesellschaft durchdringt und verwandelt. So ist es unsere Aufgabe als Christen, zum Sauerteig der Versöhnung für unsere Welt zu werden. Das ist unser ganz persönlicher Beitrag zum Frieden in der Welt.

Frieden braucht Mut und Gelassenheit

Dieser Wille zum Frieden braucht auch Mut. Aus der Gelassenheit, der Achtsamkeit und diesem Mut kann aber eine neue Sensibilität für unsere Welt erwachsen. Aus der Ruhe fließt die Kraft, nicht aus der Hektik und Unruhe. Die Gelassenheit öffnet uns die Augen dafür, wo und wie wir uns für die Schonung der Umwelt engagieren, wo und wie wir uns für vulnerable Gruppen einsetzen, wo und wie wir mit den Konflikten in unserer Gesellschaft, aber auch in der globalen Welt umgehen und wo und wie wir etwas für den Frieden tun können. Nur wer mit sich in Frieden ist und davon absehen kann, die eigene Position zu verabsolutieren, kann Frieden finden und schaffen. Es geht gerade heute darum, die Balance von Gelassenheit und Engagement im Handeln zu finden. Gelassenheit bedeutet, die Dinge erst einmal in Ruhe anzuschauen, zu sehen, wie sie wirklich sind, dann zu erspüren, wie Verwandlung möglich ist, und schließlich zu überlegen, wo und auf welche Weise wir uns ganz konkret engagieren sollten, damit die Bedingungen für die Menschen auch in Zukunft ein gutes, friedliches und erfülltes Leben ermöglichen.

....

Loslassen hat mit Gelassenheit zu
tun. Aber es ist keine Gelassenheit,
die die Hände in den Schoß legt,
sondern eine Gelassenheit,
die aufmerksam, wachsam und
achtsam bleibt.

....

Migration, Vertreibung, Flucht – unterwegs in eine neue Zukunft

Ein Abschied, der ins Elend führt: Heimweh und Verlust der Heimat

Orte, an denen man sich zu Hause fühlt, sind schön. Schön ist es aber auch, einen Ort verlassen zu können, wenn man weiterziehen möchte. Schwierig wird es, wenn man gezwungen wird, zu bleiben. Aber auch wenn man gezwungen wird, zu gehen. Wenn das Thema des Abschieds in der Literatur auftaucht und es darum geht, Abschied zu nehmen von einem Ort, wird dieser Ort meist eng mit der Erfahrung der Trennung von einem geliebten Menschen verbunden. Schmerz und Trauer sind die vorherrschenden Emotionen, bestimmen die Gegenwart und die Aussicht auf die Zukunft.

Der unbekannte Dichter eines alten, weit verbreiteten Liedes weiß, er wird künftig im Elend sein, in der Fremde: „Innsbruck, ich muss dich lassen,/ Ich fahr dahin mein Straßen,/ In fremde Land dahin./ Mein Freud ist mir genommen,/ Die ich nit weiß bekommen,/ Wo ich im Elend bin."

....

Orte, an denen man sich zu Hause fühlt, sind schön. Schön ist es aber auch, einen Ort verlassen zu können, wenn man weiterziehen möchte. Schwierig wird es, wenn man gezwungen wird, zu bleiben. Aber auch wenn man gezwungen wird, zu gehen.

....

Vielleicht ist dieses Lied über die Jahrhunderte hinweg so populär geblieben, weil es etwas Archetypisches beschreibt. Auch wenn es in manchen Ohren nach Sentimentalität klingt: Heimweh kennen viele, die für längere Zeit von ihrem Zuhause entfernt sind. Doch wir müssen unterscheiden zwischen dem zeitlich begrenzten Verlust der Heimat, den wir freiwillig auf uns genommen haben, weil wir wegen unserer Arbeit in eine andere Stadt oder in ein anderes Land ziehen. Oft erleben wir dann in der Fremde erst, was uns die Heimat bedeutet.

Schmerzlich, ja „elend" ist der erzwungene Heimatverlust, wenn wir gezwungen werden zu fliehen oder gewaltsam vertrieben werden und uns nun in einem ganz fremden Land wiederfinden.

Vertreibung aus der Heimat

Der erzwungene Heimatverlust lässt sich in Zahlen ausdrücken. Nach einer 2022 veröffentlichten Dokumentation lebten im Jahr 2020 nach einer weltweiten Schätzung der UN 280,6 Millionen Menschen in einem Land, in dem sie nicht geboren waren. Nach dem Ausbruch des Ukrainekrieges wurde zunächst eine Million Flüchtende prognostiziert. Drei Wochen nach Ausbruch des Krieges waren es schon mehr als 2,8 Millionen – und die Zahlen stiegen täglich dramatisch. Die Flüchtlingszahlen in Europa waren schon nach wenigen Wochen höher als die Zahlen nach dem Syrienkrieg 2015/2016. Krieg und lebensgefährdende Konflikte führen zu Flucht, es gibt gewaltsame Vertreibung, aber auch die Suche nach Arbeit und Lebensunterhalt sind vielfach Gründe für Migration und das Verlassen des Heimatlands. Für Ende

2020 bezifferte das UNHCR die Gesamtzahl allein der Menschen auf der Flucht auf etwa 81,5 Millionen, das war der höchste Wert seit dem Ende des Zweiten Weltkrieges.

Zahlen geben aber nur die Außensicht wieder. Was bedeutet es etwa ganz konkret, wenn der Abschied aus der Heimat die Konsequenz hat, dass man das Natürlichste, seine Muttersprache, nicht mehr verwenden kann. Die Literaturnobelpreisträgerin Herta Müller beschreibt diese Erfahrung schmerzhafter Fremdheit – wie sie als Kind in eine rumänisch sprechende Umgebung kam und die Sprache kaum verstand: „Ich war so fremd hier, das einzige Bekannte war das Unkraut. Niemand kannte mich, ich hatte nur das mitgebrachte Vertrauen der Pflanzen." (Heimat oder der Betrug der Dinge, Verlag Thomas Reche, Neumarkt 2018)

„Fernlinge" und Fremdlinge: Gastarbeiter, Arbeitsmigranten

Da waren nach dem Krieg in Deutschland auch die Arbeiter, die von weit her kamen, unsere Sprache nicht beherrschten und doch von früh bis spät mithalfen, unseren Wohlstand aufzubauen. Sie kamen aus Italien, Jugoslawien oder auch aus der Türkei. „Gurbetçi": Fremdlinge, Heimatlose, Fernlinge, so wurden die ausgewanderten Gastarbeiter in der Türkei gerufen. Ihr Abschied von der Heimat bedeutete Fremdheit und Ausgeschlossensein. Sie wurden in der alten Heimat fremd und kamen in der neuen Umgebung nicht richtig an. Wenn Abschied von der Heimat aber das bedeutet, trifft das Nietzschewort zu: „Weh dem, der keine Heimat hat".

Und zu oft vergessen wir, dass auch für die in der Heimat

Zurückbleibenden das Leben schwerer wird. Die Spanierin Pilar Bello, heute über 70, erinnert sich an ihre Kindheit, als der Onkel im eigenen Land zum Arbeitsmigranten wurde und aus dem kleinen Heimatdort in der Mancha in eine Fabrik im Norden zog: „Ich war fünf oder sieben Jahre alt und lebte in La Puebla, einem Dorf in der Mancha. Gleich im Nachbarhaus, dem Geburtshaus meines Vaters, Wand an Wand mit uns, lebte Onkel Alfonso, der geliebte Bruder meines Vaters mit seiner Familie. Nur eine Mauer trennte uns, aber das Zusammenleben war intensiv und sehr, sehr schön; meine Cousins spielten mit mir und wir waren immer zusammen. Es waren die 50er Jahre, die Industrialisierung hielt in den Städten Spaniens Einzug, die Landwirtschaft dagegen war noch nicht mechanisiert; das Dorf zu verlassen, um in einer Schuhfabrik in Elche (Alicante) zu arbeiten, war die einzige Möglichkeit für die Familie, zu überleben. Als ich am Tag vor der Abreise sah, wie im Nachbarhaus gepackt wurde, konnte ich nicht aufhören zu weinen und schlief die ganze Nacht nicht. Und als sie dann sehr früh mit einem bepackten Lastwagen abfuhren – in ein ungewisses und unbekanntes Leben, weit weg von uns, hinein –, als ich sah, wie die ganze Familie das Haus verließ und der Onkel die Tür schloss, wusste meine Mutter nicht, wie sie mich beruhigen sollte. Noch heute spüre ich den Abschiedsschmerz des Kindes, das ich damals war. Die Heimat war nicht mehr die gleiche."

Schon an der Erfahrung Herta Müllers oder dieser kleinen Erinnerung der großen Emotion eines spanischen Mädchens zeigt sich: Heimat ist mehr als eine Staatsangehörigkeit, auch nicht nur der Ort, an dem man geboren wurde und aufwuchs: Heimat ist Beziehung zu Menschen, ist lieb gewordene Gewohnheit und vertraute Sicherheit, ein emotionales Geflecht, also alles das, was Zugehörigkeit bedeutet.

Heimatverlust – eine leibseelische Verwundung

Heimatverlust ist auch Verwundung und schmerzhafter Angriff auf die leibseelische Identität. Einer, der es erfahren hat, was erzwungener Abschied, was Flucht und Verlust bedeuten, ist der Afghane Ahmad Milad Karimi, der als Kind mit seinen Eltern aus Kabul flüchtete, dem Ort des frühen Behütetseins, den er als anmutigen und bunten Ort in Erinnerung hat. Er flieht auf abenteuerlichen Wegen, zuletzt im Flugzeug über Moskau. In einem persönlichen Erfahrungsbericht schildert er seine Verluste: Was er verlor, war nicht nur ein Ort. Es „sind Menschen, es ist lebendiges Familienleben, der Friedhof der Familie, kulturelle Elemente, alltägliche Poesie, die Stimme des klassischen Sängers Sarahang, da sind ästhetische Erfahrungen im Alltag, das Berühren voneinander im Gebet, die vielen Sprachen, Dari, Paschtu oder die Gerüche der afghanischen Gerichte." (in: einfach leben, Themenheft Heimatgefühle). Es ist also mehr als der Verlust eines geographischen Bezugs, und sogar mehr als der Verlust der Sprache und der Kultur, in der man aufgewachsen ist. Jean Améry, der als Jude vor den Nazis aus Deutschland fliehen musste, beschreibt es im Kern ähnlich: „Hat man aber keine Heimat, verfällt man der Ordnungslosigkeit, Verstörung, Zerfahrenheit." (Pflüger 25) Verloren geht ein ganzes Koordinatensystem konkreter Lebensorientierung.

Abschiede in ein besseres Leben?

Als 2015 in der Folge der Kriegswirren im arabischen Raum viele Menschen in der Hoffnung auf ein anderes, besseres Leben zu uns kamen, führte das bei vielen Menschen zu

Ängsten: das Eindringen eines bedrohlich Fremden in Europa. Dabei wird vergessen, dass sich aus Europa – etwa aus Irland – schon einmal ganze Flüchtlingsströme in die Neue Welt, nach Amerika bewegten. Das ist noch nicht lange her. Eine Ausstellung in Zürich im Jahr 2022 zeigte, dass noch bis ins frühe 20. Jahrhundert Schweizer Männer, Frauen und Familien nach Frankreich, Deutschland, Russland und bis nach Übersee emigrierten, um der Armut zu entkommen. Zur Entlastung ihrer Kasse drängten verschiedene Gemeinden ihre Armen, auszuwandern. Man versprach den Menschen ein besseres Leben, bezahlte sogar die Reisekosten nach Übersee, um die Armenhäuser zu entlasten. Und wenn dies nicht reichte, drohte die Gemeinde mit der Polizei. Wir sprechen also auch von unserer eigenen Geschichte, wenn wir von Flucht und Migration reden und uns dem Schicksal von Flüchtlingen heute zuwenden.

Was hat all das mit dem Glauben zu tun?

Die Bibel sagt uns, dass das Ausziehen aus der Heimat wesentlich ist für glaubende Menschen. Die biblische Heilsgeschichte beginnt ja mit dem großen Abschied, der von Abraham verlangt wird: „Zieh weg von deinem Land, von deiner Verwandtschaft und aus deinem Vaterhaus in das Land, das ich dir zeigen werde." (Gen 12,1) Diesen dreifachen Abschied haben die frühen Mönche – wie wir sahen – verstanden als Abschied von allem, was uns einengt, bindet, festhält, als Abschied von der Vergangenheit und all den Erfahrungen, die wir im Heimatland gemacht haben, und als Abschied von allem Sichtbaren. Wir machen uns auf den Weg in ein unbekanntes Land. Für die Bibel ist es das Land, in das Gott uns hineinführen möchte, in die Möglichkeiten, die er für uns bereithält. Der Hebräerbrief versteht diesen Auszug Abrahams aus seiner Heimat als Bild für uns, dass wir „Fremde und Gäste auf Erden sind" (Hebr 11,13). Wir können uns nirgends ganz einrichten. Wir sind immer Gäste und Fremdlinge in dieser Welt, Menschen, die eine Heimat suchen, nicht eine neue in dieser Welt, sondern die streben „nach einer besseren Heimat, nämlich der himmlischen." (Hebr 11,16)

Es geht um handfeste Anforderungen

Es geht aber nicht nur um spirituelle Aspekte, sondern um handfeste Anforderungen an uns: Viele Menschen, die heute fliehen, weil sie entweder verfolgt werden oder weil sie in ihrer Heimat keine Möglichkeit haben, ihr Leben zu verdienen, haben oft gar keine Zeit, richtig Abschied zu nehmen. Wenn sie dann nach langen Umwegen und oft auch Irrwegen in einem neuen, fremden Land ankommen, fühlen sie sich entwurzelt. Die Länder, in die Menschen kommen, die aus ihrer Heimat – oft mit Gewalt – vertrieben wurden, haben daher eine große Verantwortung, die Fremden aufzunehmen und ihnen ihre Würde wiederzugeben. Bei den Migranten gibt es traumatische Erfahrungen. Sie haben erlebt, wie Verwandte ermordet wurden. Sie waren selbst Drangsalen ausgesetzt. Die aufnehmenden Länder müssen diese traumatischen Erfahrungen berücksichtigen. Daher braucht es oft therapeutische Hilfe, vor allem aber braucht es das Gefühl, willkommen zu sein.

Viele Deutsche wurden an die Flucht nach dem Zweiten Weltkrieg, westwärts aus dem Osten, erinnert. Und sie haben sich erinnert, wie sie dann an den neuen Orten aufgenommen wurden. Daher waren sie auch offen für die Flüchtlinge. Sie spürten eine Verantwortung, dass wir diese Menschen willkommen heißen und ihnen eine neue Heimat ermöglichen. Die Aufnahme von Fremden stellt uns selbst immer auch vor die Frage, wie wir mit dem Fremden in uns umgehen. Denn die Fremden erinnern uns an das, was auch in uns ist, was wir aber bisher noch nicht wahrgenommen haben. Wenn wir uns der eigenen Fremdheit stellen, entsteht in uns eine größere Offenheit für die Fremden, die zu uns kommen. Wir selber profitieren vom Umgang mit den Fremden. Wenn wir uns dem Schmerz aussetzen, den der Verlust der Heimat für die Migranten bedeutet, dann weitet sich unser Herz. Und vielleicht erinnern wir uns dann daran, dass wir nicht mehr in unserer ursprünglichen Heimat wohnen, sondern sie zugunsten einer anderen Stadt, eines anderen Landes aufgegeben haben. Wir stellen uns dem eigenen Schmerz und so werden wir fähig, uns auf den Ort einzulassen, an dem wir jetzt wohnen und leben.

Die Aufnahme von Fremden stellt uns selbst immer auch vor die Frage, wie wir mit dem Fremden in uns umgehen. Denn die Fremden erinnern uns an das, was auch in uns ist, was wir aber bisher noch nicht wahrgenommen haben.

Was Migranten brauchen, damit der Abschied gelingt

Damit der Abschied von der alten Heimat gelingt, brauchen die Migranten das Gefühl, dass sie willkommen sind, dass sie sich auf die Gesellschaft hier einlassen können. Wenn das nicht geschieht, dann suchen sie in ihrer eigenen Kultur und oft auch in ihrer Religion, etwa im Islam, das, was sie trägt.

Doch häufig leben sie dann im neuen Land wie in einem Getto, in ihrer eigenen Welt. Und eine Einwurzelung wird immer schwieriger. So schreibt Verena Kast: „Abschiedlich leben kann der Mensch, der sich auf Bleibendes beziehen kann; trennen kann sich der Mensch, der weiß, dass er sich wieder niederlassen kann; loslassen in die Ungewissheit hinein kann sich der Mensch, der eine ihn stützende Umgebung verinnerlicht hat." (Pflüger 7) Es ist daher sowohl eine Aufgabe der aufnehmenden Länder als auch der Migranten, Wege der Integration zu gehen. Leider erfahren Migranten in Deutschland immer wieder Fremdenfeindlichkeit. Das führt dazu, dass sie Angst haben, sich auf die Gesellschaft einzulassen. Sie igeln sich dann ab und entwickeln eine Ablehnung der Gesellschaft. Es entsteht ein Teufelskreis. Da sie ausgegrenzt werden, grenzen sie sich selber aus. Da sie die Gesellschaft mit ihren Normen ablehnen, hat die Gesellschaft genügend Gründe, sie abzulehnen. Es braucht auf beiden Seiten die Bereitschaft, die Vorurteile loszulassen und sich nicht nur auf die Veränderungen, sondern auch aufeinander als Menschen einzulassen. Nur dann kann der Abschied von der alten Heimat gelingen und eine neue Heimat für die Migranten entstehen. Der Mut loszulassen und die Kraft weiterzugehen betrifft beide Seiten.

Wenn dieser Mut und diese Kraft vorhanden sind, dann kann auch etwas Neues gelingen. Milad Karimi zum Beispiel hat aus der Erfahrung des Abschieds und der schmerzhaften Erinnerung eine Hoffnung gemacht, indem er sich für andere einsetzt, die in einer ähnlichen Situation sind. Aus der Erfahrung der eigenen Not hat er ein neues Verständnis für Menschen in Not gewonnen: „Meine Heimat ist dort, wo Flüchtlinge sind, wo Menschen an irgendeiner Grenze nach Zukunft hungern, wo ein Mensch im Augenblick des Sterbens niemanden hat, der seine Hand hält, wo Ungerechtigkeit geschieht, wo eine Synagoge brennt, wo Christen verfolgt werden, wo eine Muslima diskriminiert wird, weil sie ein Kopftuch trägt." Wer selbst Abschied erlebt hat, wird eher offen sein für andere, die zum Abschied gezwungen wurden, und wird ihnen helfen, in der Fremde Heimat zu finden.

....

„Abschiedlich leben kann der Mensch,
der sich auf Bleibendes beziehen kann;
trennen kann sich der Mensch, der weiß,
dass er sich wieder niederlassen kann;
loslassen in die Ungewissheit hinein kann
sich der Mensch, der eine ihn stützende
Umgebung verinnerlicht hat."

(Verena Kast)

....

Sich dem Leben stellen – durchkreuzte Pläne und ungeplante Umwege nach Schicksalsschlägen

Plötzlich war alles anders

Wir haben es kürzlich erlebt: Ein Krieg kann für Millionen Menschen alles zunichtemachen, was sie sich in ihrem Alltag vorgenommen haben. Aber schon ein Unfall oder eine Krankheit – die eigene oder die eines nahen Menschen – kann noch so festgezurrte Lebensentwürfe durcheinanderbringen. Wir alle haben bestimmte Vorstellungen vom Leben und davon, wie es ablaufen sollte. Aber nicht immer verläuft unser Leben nach Plan. Es kommt etwas dazwischen, womit wir nicht gerechnet haben. Es treten Veränderungen ein, denen wir uns stellen müssen. Welches Leben erwartet uns dann, dahinter? Solche Erfahrungen sind unabhängig davon, wo und wie man lebt. Ob man nun in einer scheinbar gesicherten Umgebung wie im Kloster lebt oder nicht. Das folgende ausführlicher erzählte Beispiel zeigt das. Abschiede gibt es in jedem Leben, so auch in ihrem: Die Benediktinerin Sr. Philippa Rath hat einige Bücher zur Frauenfrage in der Kirche herausgegeben – nachdem sie selber Erfahrungen gemacht hat, die ihr Gerechtigkeitsempfinden verstörten. Es war ein weiter Weg bis dahin. Sie hatte Theologie, Geschichte und Politik studiert, war journalistisch tätig, dann acht Jahre in einem Verlag. Mit Feminismus oder Frauenthemen hatte sie damals nicht viel am Hut. Als man ihr einen Karrieresprung anbot, eröffnete sie ihrem Chef: „Ich gehe ins Kloster." Damals war sie 33. Sie wollte nicht nur spirituelle Bücher machen und Artikel schreiben, sondern ihren Glauben ganz konkret in

Gemeinschaft leben. Es war ein guter Abschied für sie und ein glücklicher Neubeginn. Ihren alten Namen legte sie ab, aus Mechtild wurde Schwester Philippa. Mit 40 beauftragte man sie mit den Aufgaben der Cellerarin, also der wirtschaftlichen Leitung des Klosters. Das Amt hatte sie zehn Jahre inne. Dann der Bruch: Als ihre Mitschwester und auch leibliche Schwester plötzlich, im Alter von erst 55 Jahren, schwer an Alzheimer erkrankte, war ihr klar: „Ich muss mich um sie kümmern. Ich hätte anders nicht weiterleben können." Sie zog mit der Kranken auf dem Gelände des Klosters in eine separate Pflegewohnung und war in der Folge „hauptamtlich" Betreuerin ihrer dementen Schwester, rund um die Uhr. 15 Jahre – bis zu deren Tod.

Plötzlich war alles anders. „Der Abschied von dem alten Amt war wie eine Vollbremsung. Zehn Jahre hatte ich viele Vollmachten, war mitten im Geschehen, hatte enorme Gestaltungsmöglichkeiten, konnte Dinge bestimmen und vorantreiben." Der Verzicht fiel ihr nicht leicht. Vor allem den Kontakt zu ihren Mitschwestern und zu vielen Menschen außerhalb des Klosters vermisste sie.

Was bedeutete die Betreuung der Kranken? „In den ersten Jahren der Krankheit war ich 24 Stunden neben und vor und hinter ihr, abends völlig fertig, während sie oft noch putzmunter war und alle paar Minuten aus dem Bett stieg." Ein ganz anderes Leben als vorher. Hart, und doch sinnerfüllt.

Einsichten im Rückblick

Wie blickt sie heute auf diese Zeit zurück? „Natürlich hatte ich mir mein Klosterleben anders vorgestellt und es wäre mir lieber gewesen, wenn meine Schwester gesund gewesen wäre. Es waren aber nicht nur harte, sondern auch schöne Jahre. Auf ihre Weise hat mir meine Schwester viel zurückgegeben, nicht mit Worten – denn sie hat jahrelang nicht mehr sprechen können –, aber mit ihren Augen, mit winzig kleinen Gesten der Dankbarkeit und des Vertrauens."

Im Nachhinein scheint es ihr wie verrückt, dass die ersten Frauentexte für das Buch „Weil Gott es so will" an dem Tag in ihrem Computer einliefen, als sie am Sterbebett ihrer Schwester saß. „Als ob das eine Abschiedsbotschaft von ihr gewesen ist: Jetzt mach mal wieder dein eigenes Ding." Das Leben danach ging weiter: „Was ich beim Abschied aus dem Amt gelernt habe: dass äußere Macht vollkommen unwichtig ist. Am Ende bleibt nur, was an persönlicher Beziehung, an verschenkter Liebe, da ist." Und was die Neuanfänge angeht? „Man kann nicht planen, was auf einen zukommt: aber man darf darauf vertrauen, dass es das Richtige ist. Jetzt liegt wieder eine neue Station vor mir: Ich setze mich für den Abschied von der Männerkirche ein. Eine Lebensaufgabe."

> „Was ich beim Abschied aus dem Amt gelernt habe: dass äußere Macht völlig unwichtig ist. Am Ende bleibt nur, was an persönlicher Beziehung, an verschenkter Liebe, da ist. Und was die Neuanfänge angeht? Man kann nicht planen, was auf einen zukommt: aber man darf darauf vertrauen, dass es das Richtige ist."

Ein Mitbruder hatte ihr nach dem Tod der Schwester geschrieben: „Sie waren jetzt 15 Jahre Einsiedlerin, jetzt kommt der apostolische Teil des Mönchtums." Und auch viele Mitschwestern finden gut, dass sie sich in dem Themenfeld Geschlechtergerechtigkeit in der Kirche engagiert. Ihre beiden Bücher sind auch ein Anknüpfen an alte Zeiten im Verlag. Als es darum ging, das erste Buch zu veröffentlichen, konnte sie einen Lektor, den sie aus früheren Tagen kannte, anrufen: „Auch ein Neuanfang braucht viele Geburtshelfer."

Offen bleiben: Das Leben wartet auf mich

Offen sein für das, was ist – das heißt: Ich habe nicht auf dieses Leben gewartet. Es wartet auf mich. Ich muss nur offen dafür sein, mich von eigenen Vorstellungen trennen, dass unsere Pläne sich nicht realisieren lassen oder scheitern. Ich muss darauf vertrauen, dass auch hinter den Veränderungen wirkliches Leben ist, geschenktes Leben.

Die folgenden Geschichten zeigen: Veränderungen können von außen kommen, aber auch in meinem eigenen Leben, meinem Körper, meiner Seele aufbrechen oder durch äußere Umstände wirksam werden.

Eine Geschichte aus der Welt eines Unternehmens: Da hatte eine junge Frau erfolgreich Karriere gemacht und war als Führungskraft in ihrer Firma sehr anerkannt. Doch auf einmal hatte sie ständig starke Bauchschmerzen. Der Arzt stellte eine Autoimmunkrankheit fest, gegen die es keine Medikamente gibt. Ihre Arbeit hatte ihr immer viel Freude bereitet. Jetzt ist ihr diese heimtückische Krankheit widerfahren, die sie in ihrer Arbeit sehr beeinträchtigt. Sie muss Abschied nehmen von ihren Träumen, im Beruf sich selbst zu verwirklichen und neue Ideen in die Firma einzubringen. Die Erkrankung zwingt sie, viel mehr Energie für sich selbst zu verwenden. Die fehlt ihr bei der Arbeit. Sie muss sich verabschieden von ihren beruflichen Plänen. Sie arbeitet weiter in der Firma. Aber ihre Schwerpunkte sind jetzt andere. Sie ist offener für die Nöte ihrer Mitarbeiter und Mitarbeiterinnen, und sie erfährt positive Rückmeldungen und ist dadurch auch innerlich neu gestärkt.

Ein Mann erzählt: Er hatte gerne in seiner Firma gearbeitet und sich für seine Mitarbeiter eingesetzt. Durch einen unverschuldeten Verkehrsunfall wurde er schwer verletzt. Jetzt kann er nur als Schwerstbehinderter in seiner Firma weiterarbeiten. Viele Pläne, die er vorher hatte, wurden durch den Unfall durchkreuzt. Beim Unfall war in dem Auto, mit dem er zusammengestoßen war, ein Mann gestorben. Obwohl er keine Schuld hatte am Unfall, plagen ihn ständig Schuldgefühle. Hätte er den Unfall nicht doch vermeiden können? Und er hat Schuldgefühle, wenn er an die Angehörigen des Unfallopfers denkt und wenn er sie manchmal trifft. Seine Lebenspläne sind durchkreuzt worden. Ihm ist der Abschied von seinen Lebensplänen aufgezwungen worden. Es wurde ein schmerzlicher Abschied, den dieser Mann vollziehen musste. Und er dauerte einige Jahre, bis er die Vergangenheit wirklich loslassen und sich auf den Augenblick einlassen konnte. Jetzt tritt er ein für Mitarbeiter, die wie er durch einen Unfall innerhalb oder außerhalb der Firma eine starke Behinderung erfahren haben. Jetzt sieht er darin den Sinn seines Lebens: für andere einzutreten.

Oder die Geschichte eines Mannes, der Immobilien entwickelte, Häuser baute und dann verkaufte und sich dabei finanziell übernommen hatte: Die Schulden wuchsen ihm über den Kopf, er musste Insolvenz anmelden. Sich das einzugestehen, fiel ihm schwer. Jahrelang gab er anderen die Schuld und hielt fest am Selbstbild des erfolgreichen Kaufmanns. Das brauchte er offensichtlich, um sich nicht eingestehen zu müssen, dass er gescheitert ist. Erst nach langer Zeit ist es ihm gelungen, Abschied zu nehmen von diesem eigenen Selbstbild und von einer finanziell abgesicherten guten Zukunft. Dieser Abschied war aber die Voraussetzung, dass er die Jahre, die ihm bleiben, nicht als Verlierer erleben muss, sondern als einer, der schmerzhafte Erfahrungen gemacht hat und dadurch reifer geworden ist.

Ich habe nicht auf dieses Leben gewartet. Es wartet auf mich. Ich muss offen dafür sein, mich von eigenen Vorstellungen trennen, akzeptieren, dass Pläne scheitern. Ich muss darauf vertrauen, dass auch hinter den Veränderungen wirkliches Leben ist, geschenktes Leben.

Die Leiterin eines Pflegeheimes hatte große Pläne, eine bessere Kultur unter den Mitarbeitern, aber auch im Umgang mit den pflegebedürftigen Bewohnern zu schaffen. Doch durch Intrigen und den Widerstand einiger Mitarbeiter kam sie an ihre Grenzen. Und sie musste sich eingestehen, dass sie mit ihren Plänen gescheitert ist. Es war für sie sehr schmerzlich. Aber sie hat dann ganz bewusst wirklich Abschied genommen von dieser selbstgestellten Aufgabe. Sie hat ihr Scheitern als Chance gesehen, bei sich selbst genauer nachzusehen, was denn ihre Stärken und Schwächen sind und was ihre eigentliche Berufung sein könnte. Der Abschied, der ihr von außen aufgedrängt worden war, hat in ihr neue Fähigkeiten entfaltet und ihr neue Möglichkeiten für ihr Leben geschaffen.

Sein Scheitern betrauern heißt nicht: sich kleinmachen

Eine Frau gestand mir nach dem Scheitern ihrer Ehe: „Ich schäme mich so, weil mein Mann mich verlassen hat!" Ich versuchte, ihr Mut zuzusprechen und klarzumachen: „Es tut weh, sich einzugestehen, dass die Ehe trotz besten Wollens, trotz aller Spiritualität und trotz der starken Liebe, die Sie zueinander spürten, gescheitert ist. Dieses Scheitern müssen Sie betrauern. Das Betrauern führt Sie in die Demut. Aber Demut heißt nicht, dass Sie sich kleinmachen. Sie spüren vielmehr, dass Sie nicht alles können, was Sie wollen. Sie wollten diese Ehe weiterführen. Aber es ging nicht. Sie stehen zu sich, auch zu Ihrem Scheitern. Sie dürfen sich nicht selber schlechtmachen oder alle Schuld bei sich suchen. Wenn Gedanken kommen, was die anderen über Sie denken, dann verbieten Sie sich diese Gedanken. Denn sie helfen nicht weiter. Die anderen dürfen denken, was sie wollen. Wenn sie Sie verurteilen, ist das deren Sache. Viele werden ihre eigenen Probleme in Sie hineinprojizieren. Dafür sind Sie nicht verantwortlich. Halten Sie Ihr Scheitern Gott hin und vertrauen darauf, dass Ihr Leben gut weitergeht, dass Sie durch das Scheitern hindurch in den Grund der Seele gelangen und dort auf neue Weise die Einzigartigkeit und Einmaligkeit Ihres Selbst entdecken. Und vielleicht werden sich dann auch nach außen neue Möglichkeiten ergeben, Ihre tiefsten Lebensträume zu verwirklichen."

Wir können durch das Scheitern hindurch in den Grund der Seele gelangen und dort auf neue Weise die Einzigartigkeit und Einmaligkeit unseres Selbst entdecken. Und vielleicht werden sich dann auch nach außen neue Möglichkeiten ergeben, unsere tiefsten Lebensträume zu verwirklichen.

Der Krankheit einen Sinn abtrotzen –
und weitergehen

Eine junge Frau bekam die Diagnose von MS. Das hat sie zunächst völlig aus der Bahn geworfen. Alle Pläne, die sie für ihr Leben hatte, kann sie nicht mehr so verwirklichen, wie sie gerne wollte. Sie muss sich davon verabschieden und fragt: Was kann ich tun, wie kann es weitergehen? Die Krankheit hat nicht in sich einen Sinn. Der Therapeut Viktor E. Frankl meint, unsere Aufgabe sei es, der Krankheit einen Sinn abzutrotzen. Natürlich muss man zunächst alle medizinischen Möglichkeiten ausschöpfen. Aber sich auch fragen: Was will die Krankheit mir sagen? Sie gibt mir keine Aussage über die konkrete Zukunft, aber sie stellt mir die Frage, wer ich eigentlich bin. Und die Antwort darauf hat auch eine Folge darauf, wie ich mein Leben weiter angehe: Mein wahres Selbst ist unabhängig von äußerem Erfolg, auch von Gesundheit und Krankheit. Und die Krankheit kann für mich eine spirituelle Herausforderung werden, achtsamer und bewusster zu leben. Ich spüre, dass das Leben ein Geschenk ist. Es ist nicht selbstverständlich, dass ich gesund bin und gut leben kann. Wenn ich meine Krankheit Gott hinhalte und mir vorstelle, wie seine heilende Liebe in meinen kranken Leib strömt und ihn mit Liebe und Wärme erfüllt, dann kann die Krankheit zum Einfallstor für Gottes Liebe werden. Das lässt auch die Zukunft neu sehen und lädt mich ein, mich zu fragen: Welche Lebensspur möchte ich in diese Welt eingraben? Dabei geht es nicht so sehr um eine Spur der Leistung als vielmehr um eine Spur von Liebe, von Hoffnung, von Zuversicht, von Barmherzigkeit und Versöhnung. Auch das ist etwas, was positiv in die Zukunft führt.

All diese Beispiele zeigen: Wenn die Pläne für das eigene Leben durchkreuzt werden, dann erzeugt das zunächst in uns einen großen Schmerz und Unsicherheit. Wir wissen nicht, wie wir weiterleben sollen. Aber wenn wir das Scheitern unserer Pläne akzeptieren, dann kann in uns auch die Kraft für einen neuen Anfang wachsen. Wir werden dann andere Akzente in unserem Leben setzen. Wir zerbrechen nicht am Scheitern der Pläne, wenn wir uns damit aussöhnen, sondern werden aufgebrochen für unser wahres Selbst und aufgebrochen für neue Möglichkeiten in unserem Leben. Doch die Bedingung für diesen neuen Aufbruch ist das bewusste Abschiednehmen von den alten Vorstellungen, die wir vom Leben bisher hatten.

Wenn der Druck zu groß wird –
Im Loslassen das eigene Maß, die eigene Mitte finden

Was Kraft und Lebensfreude kostet

Unsere Welt und unsere Gesellschaft sind im Umbruch. Auch die Situation in der Arbeitswelt ist von einem wachsenden Druck gekennzeichnet, von harter Konkurrenz, von steigenden Leistungsanforderungen und gleichzeitig von vielen Unsicherheiten. Viele nimmt der Beruf ganz in Beschlag. Der Betrieb verlangt alles von ihnen, sie fühlen sich nur noch als Teil eines Räderwerks. Sie wollen hundertprozentig Leistung erbringen und setzen sich ständig unter Druck. Bis in den Abend hinein kreisen die Gedanken darum. Bis in den Schlaf hinein sind sie besetzt von der Frage: Habe ich alles richtig gemacht? Und immer wieder wirkt der Ärger nach über den Kollegen, der keine gute Leistung bringt, über den Chef, der einen nicht beachtet. Andere leiden auf einmal an chronischem Schlafmangel, haben Angst, ihr Leben nicht mehr zu schaffen und bei ihrer Arbeit Fehler zu machen. Ihr Tag ist randvoll mit Aufgaben, sie haben das Gefühl, immer nur hinter allem herzuhinken. Das kostet Kraft und Lebensfreude. Wovon müssen wir in einer solchen Situation Abschied

....

*Gefährlich ist immer, wenn wir uns in
der Arbeit von uns selbst entfernen
und unsere eigene Mitte verlieren.
Dann saugt sie uns aus und raubt uns
alle Energie.*

....

nehmen? Und wie gelingt der Weg in eine neue Freiheit? Natürlich müssen wir versuchen, eine unmenschliche Situation zu ändern. Wo das aber nicht möglich ist, geht es auch um die innere Einstellung und das Verhalten von Einzelnen. Es ist eine Frage der Entscheidung, sich von der Wirklichkeit zu distanzieren, die wie ein Hamsterrad wirkt, sich vielleicht auch von ihr zu verabschieden, wenn das Leben nicht mehr „stimmig" ist und man sich von sich selber entfremdet.

Es braucht das Innehalten

Doch wie erkennt man, was für mich stimmig ist? Wie finde ich meine Mitte und das Maß, das für mich stimmt? Wie die Richtung, in die ich weitergehen sollte? Es braucht das Innehalten. Wenn ich innehalte und nach innen schaue, kann ich spüren, ob ich im Einklang bin mit mir oder ob ich dann unruhig werde. Wenn ich innerlich ruhig werde und Ja sagen kann zu mir, so wie ich bin, und zu meinem Leben, das ich gerade lebe, dann darf ich vertrauen, dass ich meine Stimmigkeit und mein richtiges Maß gefunden habe. Wenn aber Gefühle wie etwa Ärger und Unzufriedenheit oder auch Traurigkeit in mir aufsteigen, dann erkenne ich, dass ich mein Maß überschritten habe. Meine Gefühle zeigen mir mein Maß. „Mitte" ist ein Bild für das Gefühl, innerlich im Einklang mit mir zu sein. Ich erkenne, ob ich meine Mitte gefunden habe, auch daran, wie ich auf andere reagiere. Wenn ich mich etwa von einer Kritik stark provozieren lasse, dann lasse ich mich aus meiner Mitte herausreißen. Wenn ich jedoch innerlich ruhig antworte, wenn die Antwort nicht vom Kopf her aufsteigt, sondern aus meiner inneren Tiefe, dann bin ich in der Mitte und agiere aus dieser Mitte heraus.

Immer wieder hören wir von Menschen, die klagen, sie würden ihre eigene Mitte verlieren. Aber können wir – und wie können wir Abschied von einem Lebensstil nehmen, der uns ins Unglück stürzt, weil er uns von uns selber entfremdet?

Reißleine ziehen und neu starten

„Ich habe keine Kraft mehr, ich muss einen Schlussstrich finden. Ich muss raus. Es ist die höchste Verantwortung, die ich habe, auf meine Gesundheit zu achten." Für Fußballfreunde war es ein Schock, als die Meldung durch die Presse ging, der Sportdirektor von Borussia Mönchengladbach Max Eberl habe nach über 23-jähriger Verbundenheit, zuerst als Spieler, dann als Sportdirektor, von seinem Verein mit derart emotionalen Worten und unter Tränen Abschied genommen – nach einer langen Karriere und nach einem gesundheitlichen Zusammenbruch. Er sprach vom Hamsterrad der Hysterie und des permanenten Erfolgszwangs. „Jede Niederlage war auch meine Niederlage. Ich will die Welt sehen, ich will einfach Max Eberl sein. Zum ersten Mal in meinem Leben denke ich an mich", sagte der 48-Jährige. Und alle hatten Verständnis für seinen Schritt.

Ein Beispiel aus einem anderen Lebensbereich, ebenfalls aus der jüngsten Vergangenheit: Katja Suding, Mitglied des Bundestags, stellvertretende Vorsitzende ihrer Partei, ist eine erfolgreiche Politikerin, die zur Überraschung ihrer Umgebung plötzlich aussteigt, eine Karriere aufgibt, weil sie sich nur noch als Getriebene empfindet: zwischen Konkurrenzdruck, Siegeswillen, Durchsetzungskämpfen. Dabei erfährt sie sich doch nur als leer. Ihr Innenleben erlebt sie als riesiges Loch. Je unsicherer sie innerlich wird, desto mehr strengt sie sich an, desto intensiver setzt sie sich unter Druck. Und schließlich wird ihr klar: „Ich habe dem Erfolg, den ich unbedingt wollte, alles untergeordnet. Meine Strategie, jede Art von Unsicherheit und Schwäche zu verstecken, habe ich weiter perfektioniert. Ich wurde zu einer Maschine." Und sie erkennt: „Es muss etwas passieren, etwas Grundlegendes, so kann und darf es nicht weitergehen." Sie nimmt die Warnsignale wahr und zieht Konsequenzen.

Meine Gefühle zeigen mir mein Maß. Die Mitte ist ein Bild für das Gefühl, innerlich im Einklang mit mir zu sein.

In einem schwierigen inneren Prozess hatte sie erkannt: Mein Leben braucht einen Neustart. Ich will wieder Freude an meiner Arbeit haben, was auch immer dieser Job ist. Ihre Zielsetzung ist, „ganz im Selbst zu sein. Darum geht es im Kern: all das mentale Gift loszuwerden, das mich vom Glücklichsein abhält." Sie zieht die Reißleine (so auch der Titel ihrer Buches, in dem sie über diesen Weg berichtet). Sie entschließt sich, ganz aus der Politik auszusteigen, etwas Neues zu machen und auf dem nächsten Parteitag zu sagen, dass sie sich nicht mehr aufstellen lassen wird: „Beim Gedanken daran hüpft mein Herz vor Freude."

Schritte in Richtung Lebensfreude

Verlorene Lebensfreude: Nicht nur prominenten Menschen geht es so. Immer wieder erreichen mich Fragen von Menschen, die von ähnlichen Erfahrungen erzählen. Nicht immer muss ein radikaler Schnitt die Lösung sein, um Freiräume zu gewinnen.

Ein Mann schreibt: „Ich fühle mich permanent überfordert, seelisch und körperlich. Abends komme ich immer öfter völlig erschöpft von der Arbeit nach Hause. Dann bin ich genervt und kann mich kaum auf meine Kinder einlassen. Die Erholung am Wochenende genügt nicht, um wieder neue Kräfte zu tanken. Ich habe Angst, zusammenzubrechen."

Was kann man ihm raten? Was muss er loslassen und wie kann es weitergehen?

Sie können die Lebensfreude nicht einfach beschließen oder machen. Aber Sie können sich Freiräume schaffen, in denen das Herz sich selber spürt und mit der Freude in Berührung kommt, die in uns allen auf dem Grund unserer Seele schon da ist, die aber oft genug verschüttet ist unter unseren Sorgen und Ängsten.

Zunächst würde ich mich genau beobachten und mich fragen, warum ich erschöpft bin. Ist es wirklich die viele Arbeit? Oder sind es die Konflikte bei der Arbeit, denen ich mich zu wenig entziehen kann? Oder sind es meine inneren Lebensmuster, die mich erschöpfen? Vielleicht ist es mein Perfektionismus? Oder ich möchte mich vor anderen beweisen. Oder ich fühle mich für alles schuldig und die Schuldgefühle rauben mir die Energie. Oder ich habe die unbewusste Angst, nicht gut genug zu sein. Dann muss ich ständig beweisen, dass ich gut bin. Solche Haltungen können Erschöpfung zur Folge haben. Notwendig ist es, meine Einstellung zu ändern. Ich tue meine Arbeit, so gut ich kann, aber ich lasse mich nicht von anderen hetzen. Gefährlich ist immer, wenn wir uns in der Arbeit von uns selbst entfernen und unsere eigene Mitte verlieren. Dann saugt sie uns aus und raubt uns alle Energie.

Der zweite Punkt ist ganz konkret: Wir müssen die Tür der Arbeit schließen, bevor sich die Tür zur Familie öffnen kann. Da können gute Rituale helfen. Die Fahrt von der Arbeit nach Hause kann ein solches Ritual sein. Ich rate von Überlastung und Überforderung bedrohten Menschen in der

Regel: Lassen Sie die Arbeit los. Lassen Sie sie dort, wo sie geschehen ist. Stellen Sie sich die Familie vor, die Sie erwartet. Freuen Sie sich, dass Sie daheim nicht arbeiten müssen. Sie lassen sich auf die Kinder ein, spielen mit ihnen. Sie erleben sich selbst anders dabei. Stellen Sie sich vor, dass die Familie ein Raum der Freiheit und der Liebe ist. Dann betreten Sie gerne Ihr Haus. Und Sie fühlen sich von den Bildern, die Sie mit Ihrem Haus verbinden, schon erfrischt und gestärkt.

Der dritte Punkt: Überlegen Sie sich, was Ihnen guttut, wo Sie sich entspannen können, wo Sie einfach nur da sind, ohne sich unter Druck zu fühlen. Fragen Sie sich, wann und wo Sie mit Ihrer Lebensfreude in Berührung kommen. Und dann halten Sie sich jede Woche die Zeit frei, das zu tun, was Ihr Herz wünscht: entweder einen Spaziergang zu machen oder sich in die Kirche zu setzen oder ein Buch zu lesen oder einen Abend in die Gymnastik zu gehen. Sie können die Lebensfreude nicht einfach beschließen oder machen. Aber Sie können sich Freiräume schaffen, in denen das Herz sich selber spürt und mit der Freude in Berührung kommt, die in uns allen auf dem Grund unserer Seele schon da ist, die aber oft genug verschüttet ist unter unseren Sorgen und Ängsten.

Gekränkt, verletzt, traumatisiert: Wie Opfern das Weiterleben und die Versöhnung gelingen kann

Opfer und Opferrolle

Immer wieder machen wir in unserem Leben die Erfahrung, dass wir Opfer werden. Der „Status" des Opferseins und das damit verbundene Leid ist, je nach der Erfahrung, die wir machen, natürlich sehr unterschiedlich. Wir werden Opfer von Intrigen in der Firma, wir werden Opfer von Rufmord, weil die Leute irgendetwas Negatives über uns erzählen, was nicht der Wahrheit entspricht. Wir erleiden emotionalen Missbrauch, sexuellen Missbrauch, Vergewaltigung. Wir werden Opfer von Kränkungen und Verletzungen durch andere Menschen und von Widerfahrnissen, die unser Leben durchkreuzen: als Opfer einer Virusinfektion, eines Verkehrsunfalls oder einer Umweltkatastrophe. Wer Opfer wird, verliert Freiheit, erfährt schmerzhaft, dass der „Spielraum" seiner Lebensmöglichkeit von außen auf massive Weise eingeschränkt ist. Wir können in den meisten Fällen nicht verhindern, dass wir Opfer werden. Aber die Frage ist, wie wir mit unserer Situation umgehen, ob wir in ihr stecken bleiben müssen oder ob wir uns von ihr verabschieden können – indem wir realisieren, dass wir mehr sind als das, was uns widerfahren ist oder was uns angetan wurde, und uns im schwierigen Prozess der Annahme unseres Schicksals

Weil sie sich verabschiedet haben von ihrer eigenen tiefen Verletzung, wurden Menschen, die Opfer geworden sind, zum Segen für andere Menschen und konnten ihnen helfen, sich mit ihrem Schicksal auszusöhnen.

auch auf Kräfte beziehen, die jenseits der Opfererfahrung liegen. Auch hier gilt: Ich kann diese Erfahrung letztlich nur loslassen, wenn ich sie – so schmerzlich das ist – zuerst angenommen und mich damit ausgesöhnt habe, dass das, was mir passiert ist, zu meinem Leben gehört. Natürlich ist es ein Unterschied, ob jemand Folteropfer geworden ist oder Opfer eines sexuellen Missbrauchs oder Opfer von Verletzungen und Kränkungen. Denn der Weg, sich von der Opferrolle zu verabschieden, wird umso schwieriger und länger, je tiefer die Verletzung war.

Es sollen im Folgenden einige Beispiele vorgestellt werden, die als Verbindendes haben, dass Menschen sich als Opfer erfahren und mit dieser Erfahrung umgehen müssen. Diese Beispiele zeigen aber auch, dass es sehr verschiedene Weisen gibt, Opfer zu werden, und ebenso ganz unterschiedliche Möglichkeiten, darauf zu reagieren.

Umgehen mit Mobbing

Eine Frau erzählte mir, wie eine Kollegin sie vor den anderen beleidigt und mit groben Schimpfwörtern beworfen hat. Sie konnte sich nicht wehren. Sie fühlte sich hilflos. Und keine der Kollegen und Kolleginnen stand ihr bei, im Gegenteil: Sie tuscheln über sie. Wenn sie dann in den Raum kommt, verstummen sie. Sie empfindet sich als Opfer von Mobbing. Sie selber bemüht sich, zu allen freundlich zu sein, und versteht nicht, warum die andern so gehässig bleiben. Es ist sicher nicht einfach, in dieser Opferrolle weiter bei dieser Firma zu bleiben.

Es gibt in einer solchen Situation nur zwei Möglichkeiten.

Entweder ich steige wirklich aus. Ich handle aktiv und kündige, weil es mir meine Würde schuldig ist. Oder aber ich versuche, aus der mir aufgedrängten Opferrolle herauszukommen und einfach bei mir zu bleiben. Ich lasse das kränkende Verhalten bei den andern. Ich achte nicht darauf. Ich versuche, sobald ich in die Firma komme, bewusst in meiner Mitte zu sein. Ich grüße freundlich, aber nicht unterwürfig. Was die anderen miteinander reden, beachte ich nicht. Wenn sie mir etwas vorwerfen, dann frage ich ganz ruhig nach, wie sie es meinen, was sie denn von mir wünschen und was sie an mir stört. Dann merken die andern möglicherweise, dass ich mich nicht beeindrucken lasse von ihren negativen Worten. Ich versuche natürlich, mir auch selber zu erklären oder zu ergründen, warum die andern so handeln. Oft projizieren sie ihre eigenen Probleme auf mich. Sie brauchen einen Sündenbock, um von der eigenen Wahrheit davonzulaufen. Ich kann sie auch segnen, bevor ich in die Firma gehe. Dann gehe ich zumindest mit einer guten Energie in die Firma. Und vielleicht ist der Segen wie ein Schutzschild, an dem die feindlichen Pfeile abprallen. Aber es kann sein, dass dieser zweite Weg für mich zu schwierig ist. Dann fühle ich mich frei, entweder zu kündigen oder aber in der Firma eine andere Arbeit zu suchen. Auf jeden Fall sollte ich aktiv reagieren. Zugleich muss ich mich verabschieden von der Illusion, dass ich durch Freundlichkeit und korrektes Verhalten auch das Wohlverhalten der Kollegen und Kolleginnen erreichen kann. Es gibt Situationen, die vergiftet sind. Und nur durch guten Willen allein kann ich das Gift nicht auflösen.

Ein anderes Beispiel: Bei einer Familienfeier wurde eine Frau von ihrer Schwester beschimpft und verletzt. Die Eltern und die Geschwister reagierten nicht. Die Frau fühlte sich in der

Familie allein gelassen. Dieser Konflikt nahm sie völlig in Beschlag. Daheim musste sie immer daran denken. Das raubte ihr den Schlaf, lähmte sie in ihrer Arbeit und behinderte sie darin, in ihrer eigenen Familie ihren Kindern eine aufmerksame Mutter zu sein. Das Idealbild der harmonischen Familie ist bei dieser Verletzung zerbrochen. Nun aber gilt es, aktiv darauf zu reagieren. Ich würde in einer solchen Situation meine Energie in das eigene Leben stecken. Mein Rat an die Betroffene: Zuerst einmal den Kontakt mit der Schwester reduzieren und darauf schauen, wie ich selber mein Leben gestalten möchte. Wenn mich der Konflikt lähmt, gebe ich ja der Schwester zu viel Macht über mich. Mein Wohlbefinden hängt dann von ihrem Verhalten ab. Der Konflikt ist die Herausforderung, mir zu überlegen, wie ich leben möchte und was meine Stärken sind. Die gilt es jetzt zu entfalten. Dann wird das Leben gelingen. Es muss kein definitiver Abschied sein. Mit einem guten Abstand kann man durchaus wieder versuchen, Kontakt zur Schwester aufzunehmen.

Opfer eines Systems – wie kann es weitergehen?

Andere sehen sich nicht in erster Linie konkreten Menschen gegenüber. Sie werden zum Opfer zum Beispiel eines wirtschaftlichen Systems. Es ist nicht ungewöhnlich, dass ein Unternehmen den Besitzer wechselt. Ein Geschäftsführer, der sich jahrelang für seine Firma eingesetzt hat und bei seinen Mitarbeitern beliebt war, wurde von heute auf morgen fristlos entlassen, weil er für die bisherige Kultur in der Firma eintrat. Das war den neuen Besitzern der Firma ein Dorn im Auge. Sie hatten die Firma gekauft, um möglichst viel Geld damit zu verdienen. Da nach deutschem Recht Geschäftsführer keinen Anspruch auf Abfindung haben, stand er nun auch finanziell schlecht da. Mit über 60 Jahren war es für ihn auch nicht so leicht, eine neue Stelle zu finden. Er hatte den Betrieb mit großem Einsatz vorangebracht. Doch weil es den neuen Käufern nicht gefiel, wurde er erbarmungslos aussortiert. Das tut weh. Es ist verständlich, dass dieser Mann voller Wut und voller Schmerz und Trauer ist. Dennoch wird er keinen neuen Weg einschlagen können, wenn er sich nicht von seiner bisherigen Tätigkeit verabschiedet und die Wut dafür einsetzt, sich innerlich von den neuen Besitzern zu distanzieren, sie aus sich herauszuwerfen, um sich so von ihrer Macht zu befreien. Erst wenn er sich innerlich befreit von denen, die ihn entlassen haben, wird er in sich die Kraft finden, seinen Weg gut weiterzugehen.

Nach einer Missbrauchserfahrung in der Kirche – was half

Ein Mann erzählte: Als er 11 Jahre alt war, erlebte er seinen Pfarrer als väterlichen Menschen. Das tat ihm gut, weil die Beziehung zum eigenen Vater sehr schlecht war. Er genoss die Zuwendung des Pfarrers. Doch dann wurde der Pfarrer zudringlich und berührte seinen Penis. Das kam ihm seltsam und fremd vor, es war ihm unangenehm. Aber weil er den Vaterersatz nicht verlieren wollte, ließ er es an sich geschehen. Doch dann wurde es ihm zu viel und er hat sich vom Pfarrer abgewandt. Aber er hatte niemanden, mit dem er darüber sprechen konnte. Mit seinen Eltern hätte er nicht darüber reden können. Die hätten den Pfarrer verteidigt. So verdrängte er es. Aber es führte dazu, dass er sich innerlich von der Kirche entfernte. Und als er dann in einer fremden

Stadt in die Lehre ging, hat er sich ganz von der Kirche abgewandt. Er sprach mit niemandem über seine Verletzung. Erst als das Thema in den Medien allgemein präsent war, brach in ihm die alte Wunde wieder auf. Er empfand, dass er endlich darüber ohne Scham reden musste, dass er Opfer eines Missbrauchs geworden war. Erst als er als Opfer auch den Täter benannte, erst als er die Wut auch nach außen hin zeigte, den Täter bei der Missbrauchskommission der Diözese anzeigte und von den zuständigen Menschen auch ernst genommen wurde und auch erst als Konsequenzen sichtbar waren, war es ihm möglich, langsam eine neue Perspektive zu gewinnen. Aber das war ein langer Prozess, bei dem er immer wieder erzählen musste, was dieser Missbrauch in ihm an Vertrauen in Menschen, aber auch an Vertrauen in die Kirche zerstört hatte. Eine Hilfe beim Abschied von der Opferrolle war ihm die spirituelle Erfahrung, dass trotz des Missbrauchs in ihm der innerste Kern heil und gesund und unversehrt geblieben ist. Bei manchen Opfern eines sexuellen Missbrauchs wurde allerdings so viel in ihrer Seele zerstört, dass sie lange Zeit brauchen, um das Trauma überhaupt aufzuarbeiten. Erst dann dürfen wir hoffen, dass es ihnen gelingen wird, die Opferrolle zu lassen und das eigene Leben zu leben.

Eine Hilfe beim Abschied von der Opferrolle war die spirituelle Erfahrung, dass trotz des Missbrauchs in ihm der innerste Kern heil und gesund und unversehrt geblieben ist.

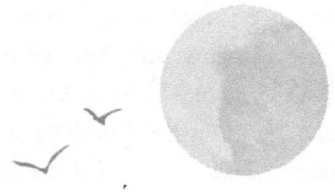

Missbrauchserfahrung in der Familie: die Wunde verwandeln

Immer wieder höre ich Geschichten, in denen Frauen erzählen, wie in der eigenen Familie ihre Integrität verletzt, oft auch ihr Leben zerstört wurde, wenn der Vater oder ein älterer Bruder oder ein Onkel das kleine Mädchen missbraucht hat. Da hat der Vater die Tochter besonders fest an sich gebunden, überschüttet sie mit Zuwendung, mit Worten des Lobes und der Bewunderung. Doch dann missbraucht er sie und schärft ihr ein, dass das ein Geheimnis zwischen ihr und ihm bleiben muss. Auf diese Weise wird die Tochter nicht nur in ihren Gefühlen völlig verwirrt, sie erlebt auch den Zusammenbruch jeder Kommunikation. Sie bleibt alleingelassen mit ihrer Verletzung, mit ihrem Schmerz und mit ihrer totalen Verwirrung. Meistens bleibt ihr nichts anderes übrig, als zu verdrängen, was ihr angetan wurde. Manchmal offenbart sie sich durch Krankheiten, in die sie flüchtet, oder durch auffallende Verhaltensweisen, die keiner versteht. Manchmal erkennt der Lehrer oder die Lehrerin, dass mit dem Mädchen etwas nicht stimmt. Dann kann die Tochter Hilfe erfahren. Aber wenn der Missbrauch durch den Vater von den Lehrern oder der Psychologin, die zu Hilfe gerufen wurde, aufgedeckt wird, dann gerät die Familie noch mehr durcheinander. Dann wird das ganze bisherige Scheingebäude von Harmonie zusammenstürzen. Wenn der Vater

Es braucht eine gute Therapie, um sich dem Schmerz auf neue Weise stellen zu können. Es ist oft ein Tal der Tränen, das durchlaufen werden muss. Es gehört Kraft dazu, loszulassen, und es braucht Mut, weiterzugehen. Auch wenn ein Missbrauchsopfer sich am Ende vielleicht aussöhnen kann mit seiner Geschichte, so bleiben doch oft Narben oder Wunden.

dann eventuell bestraft wird und in der Tochter Schuldgefühle auftauchen, braucht sie eine intensive Begleitung, um
mit ihrer eigenen Verletzung und mit der Zerstörung der
Familie zurechtzukommen. Oft wird die Tochter den Missbrauch erst bewusst anschauen können, wenn sie erwachsen
ist. Manchmal drängt sie die Erfahrung der Freundschaft
dazu, nach den Ursachen für ihre Probleme mit der Sexuali-
tät zu fragen. Manchmal taucht die Erinnerung in Träumen
auf oder wenn sie vom Missbrauch anderer Frauen liest. Es
braucht dann eine gute Therapie, um sich dem Schmerz auf
neue Weise stellen zu können. Es ist oft ein Tal der Tränen,
das sie durchlaufen muss. Es gehört Kraft dazu, loszulassen,
und es braucht Mut, weiterzugehen. Auch wenn sie sich am
Ende vielleicht aussöhnen kann mit ihrer Geschichte, bleiben
doch oft Narben oder Wunden. Das Ziel wäre, um ein Bild
Hildegard von Bingens zu gebrauchen, die Wunden in Perlen
zu verwandeln: Manche Frauen erzählten mir, dass eine solche Verwandlung ihrer tiefen Wunde gelungen ist und dass
sie später besonders sensibel für andere Frauen waren, die ein
ähnliches Schicksal erlebt haben. Weil sie sich verabschiedet
haben von ihrer eigenen tiefen Verletzung, wurden sie zum
Segen für andere Menschen und konnten ihnen helfen, sich
mit ihrem Schicksal auszusöhnen.

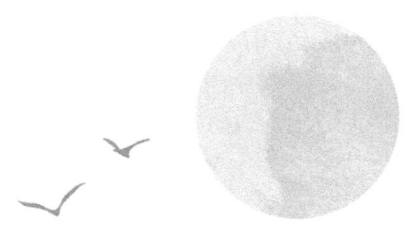

Wenn Beziehungen sich wandeln oder zerbrechen

Familie: Bindung leben und sich selber finden als Weg für Kinder und Eltern

Alles hat seine Zeit

Es ist eine klassische und doch sehr emotionale Situation. Die Tochter zieht aus dem Elternhaus aus, in eine andere Stadt, in die eigene Wohnung. Der Vater hilft beim Umzug, schleppt mit zusammengebissenen Zähnen die großen Kartons. Die Mutter, äußerlich gefasst und innerlich aufgewühlt, weiß nicht, ob sie stolz sein soll oder traurig. Der Mensch, mit dem die Eltern über lange Jahre die engste Beziehung hatten und der zum engsten, vertrautesten Kreis gehörte, ist auf einmal fort. Das schöne und selbstverständliche Miteinander endet. Die Tochter bricht auf in ihr eigenes Leben, und die Eltern bleiben zurück, nicht selten mit dem Gefühl von Leere und Einsamkeit. Aber da ist meist auch die andere Seite: zu wissen, wie sehr das eigene Kind sich auf die neue Zukunft freut. Das glückliche Gesicht zu sehen und wahrzunehmen, wie bewusst sie Verantwortung für ihr eigenes Leben übernehmen will, sich um die eigene Wohnung voller Stolz kümmert – das hat auch etwas Erleichterndes. Ihr Lachen, ihre lebendige Fröhlichkeit wird nicht mehr so unmittelbar präsent sein. Und auch ihre Sorgen wird sie wohl nicht mehr nur bei ihrer Mutter abladen, sondern bei neuen Freunden. Verantwortung verändert sich, das entlastet. Auch das Familienleben wird künftig eine neue Dimension, vielleicht auch eine andere Qualität haben.

Trauer und Liebe, Weinen und Lachen, Loslassen und Vertrauen: Die Familie ist ein Erfahrungsraum für all das. Hier können Miteinander und Eigenständigkeit eingeübt und gelebt werden. Die Kinder können hier Wurzeln schlagen, Sicherheit und innere Stabilität gewinnen. Hier können sie aber auch lernen, ihre Flügel zu gebrauchen, wenn sie „flügge" werden. Im Raum der Familie erleben wir zuallererst Verbundenheit und Lösung. Es ist ein Ort, wo Liebe und Geborgenheit erfahren werden, wo es aber auch Krisen, Konflikte und Spannungen gibt. Nicht immer herrscht Harmonie, es gibt auch Stress. Man spricht auch von dysfunktionalen Familien, wenn die emotionale Verbundenheit gestört ist, wenn die Regeln unklar, die Kommunikation nicht gut ist oder Gefühlsmanipulationen, Schuldgefühle und Erniedrigungen zerstörerisch wirken. Die Situation von Familien wandelt sich natürlich, und viele Probleme in der Gesellschaft spiegeln sich auch hier wider. Aber hier werden immer noch die Voraussetzungen für die innere Sicherheit und Freiheit einer Persönlichkeit geschaffen. Der Mut zum Loslassen und die Kraft weiterzugehen spielen in den vielfältigen Beziehungen und in ganz unterschiedlichen Phasen einer Familie zeitlebens eine wichtige Rolle. Der Auszug aus dem Elternhaus ist da nur eine Phase.

Stabile Bindung und gute Kommunikation

Es beginnt schon bei der Geburt. Der Säugling braucht eine stabile und sichere Bindungserfahrung, damit er sich gut entwickeln kann. Die wichtigsten Entwicklungen im Kind vollziehen sich in einer guten Beziehung zu den Eltern. Die Erfahrung einer guten Bindung zu Vater und Mutter ist es auch, die es den Kindern später ermöglicht, sich auch von den Eltern loszulösen. Dann gelingt schon früh der Abschied in die Kita. Das Kind freut sich über die Verbundenheit mit den Eltern, aber es ist auch frei, sich im Kindergarten oder dann in der Schule anderen zuzuwenden.

Die stabile Bindung des Kindes zu den Eltern wird nicht selten verhindert durch eine verschleierte Kommunikation.

Im Raum der Familie erleben wir zuallererst Verbundenheit und Lösung, hier werden intime Nähe und Distanz gelebt und gestaltet. Es ist ein Ort, wo Liebe und Geborgenheit erfahren wird, wo es aber auch Krisen, Konflikte und Spannungen gibt.

Das Kind blickt nicht durch, wie die Eltern untereinander und mit ihm kommunizieren. Es erlebt die Stimmungsschwankungen der Eltern. Sie sprechen es in einem Augenblick liebevoll an und im nächsten Augenblick ablehnend und verletzend. Das Kind erkennt gar nicht den Grund für das wechselhafte Verhalten der Eltern. Die Unterhaltung bei Tisch ist oft unklar. Die Eltern sprechen nicht offen miteinander. Sie verstecken hinter den Worten oft unbewusste Absichten. So erlebt das Kind keine Kommunikation, auf die es sich verlassen kann. Es wird in seinen Überlegungen allein gelassen. Es weiß nicht, welchen Worten es trauen kann und wann und ob es Vater oder Mutter trauen kann. Aber nur wer verlässliche Bindung erlebt hat, wird später gut Abschied nehmen können.

Distanzierung und Auszug der Kinder

Ganz gleich wie die Familiensituation ist, in allen Familien beginnen schon in der Pubertät die Kinder, sich mehr und mehr von den Eltern zu distanzieren. Sie möchten nicht länger in Urlaub mit den Eltern fahren. Sie wollen ihren eigenen Freundeskreis haben. Ein wichtiger Schritt der Abnabelung geschieht, wenn die Kinder aus dem Haus ziehen, etwa wenn sie zum Studium oder wegen einer neuen Arbeitsstelle in eine andere Stadt ziehen oder wenn sie mit der Freundin sich eine eigene Wohnung nehmen. Das Ausziehen allein ist noch keine Garantie, dass der Abschied von den Kindern gelingt. Manche Eltern und auch manche Kinder halten dann immer noch fest an der alten Beziehung.

Damit der Abschied auf beiden Seiten gelingt, ist es gut, vor dem Auszug ein bewusstes Abschiedsritual in der Familie zu feiern. Das Abschiedsritual könnte so aussehen: Die Familie sitzt zusammen. Jeder sagt, was er dem Abschiednehmenden wünscht, aber auch was er sehr vermissen wird, wenn er nicht mehr in der Familie ist. Dann erzählt die Abschiednehmende, was sie in der Familie gelernt hat, was sie wertschätzt und gerne mitnimmt in ihren neuen Lebensbereich, und was sie gerne zurücklassen möchte. Dann kann man den Abschied mit einem guten Mahl feiern. Als ich vor Jahren bei einem Kurs von diesem Abschiedsritual erzählte, kam ein Vater auf mich zu, den das sehr berührt

Der Auszug der Kinder aus dem Elternhaus ist für beide Teile eine Herausforderung. Beide Teile müssen Abschied nehmen vom bisherigen Zusammenleben. Nur wenn den Kindern der Abschied gelingt, sind sie frei, sich auf neue Beziehungen, auf eine Freundschaft oder Partnerschaft einzulassen.

hat. Er erzählte, dass, als seine jüngste Tochter zum Studium in eine ferne Stadt zog, keine Zeit war, angemessen Abschied zu feiern. Nach drei Monaten musste er die Tochter wieder zurückholen, weil sie depressiv geworden war und nicht studieren konnte. Ihm kam der Gedanke, ob ein Abschiedsritual sie nicht für die Zeit in einer fremden Umgebung hätte stärken, ihr hätte helfen können, von der Vergangenheit Abschied zu nehmen und sich auf das Kommende einzulassen.

Trennung – und Abschied von alten Rollen

Eine Frau erzählt von dem Schmerz, den sie erlebte, als die Tochter von zu Hause auszog, weil sie zum Studium in eine weit entfernte Stadt ging. Aber als sie später darüber reflektierte, entdeckte sie noch einen anderen Grund: „Es war nicht die Angst vor dem leeren Nest. Ich habe einen Beruf, der mich ausfüllt und mit vielen Menschen in Kontakt bringt. Es ist ein Abschiedsschmerz – aber nicht von der Tochter. Es tut sogar gut, zu sehen: Die geht einen guten Weg. Was jetzt aber wirklich weh tut: Es geht eine Lebensphase für mich selber zu Ende. Dadurch, dass ich die Kinder versorge, bin ich als Mutter definiert, bin also noch in der Lebensmitte, gehörte qua Funktion noch nicht zu den Älteren. Jetzt auf einmal aber doch. Da muss ich noch durch. Die Tochter kommt natürlich auch zurück: Und prompt ist es unordentlich, habe ich Haufen Wäsche zu waschen, kommen junge Leute vorbei, die Lärm machen, wenn ich schlafen will. Schön, dass das Leben um mich tobt, und schön, dass das Nervende wieder vorbei ist, wenn sie wieder geht. Aber die Auseinandersetzung mit dem Alter bleibt."

Nicht immer geht es beim Abschied harmonisch zu – und auch das betrifft die eigene Rolle. Davon erzählt eine Frau: „Mein Sohn war 24 oder 25, als er von zu Hause auszog: eine schwierige Phase. Er war fertig mit seinem Studium, sah sich nach einem Job um. Aber wonach er wirklich suchte und wofür er sich dann letztlich auch entschied: Er wollte leichtes und schnelles Geld, geriet dabei in ein undurchsichtiges Milieu und begann als Türsteher in einem Nachtclub zu arbeiten! Ich konnte mir das überhaupt nicht vorstellen. Das Zusammenleben mit ihm war seit seiner Jugend sehr konfliktreich gewesen. Solange er zu Hause wohnte, wurde es nun immer schwieriger. Ich wusste, er nahm Substanzen, was ich überhaupt nicht mochte. Das beunruhigte mich, machte mich zutiefst misstrauisch und führte mich bis zu dem Punkt, dass ich seine Privatsphäre überhaupt nicht respektierte. Ich mochte mich selber nicht dafür, aber ich schaute in seine Schubladen, durchsuchte seine Sachen und lebte in ständiger Angst. Das tat uns beiden nicht gut. Offensichtlich führte uns dieses Verhalten von mir immer öfter zu sehr starken und sogar aggressiven Konfrontationen, bis ich ihn in dem Moment, als er konkrete Aussicht auf eine eigene Wohnung hatte, praktisch aus dem Haus warf ... Es war ein sehr harter Abschied für mich. Aber ich fühlte mich ruhiger. Nicht nach dem Motto: Was ich nicht weiß, macht mich nicht heiß. Das wäre Gleichgültigkeit. Aber es gibt ein anderes Sprichwort: Was die Augen nicht sehen, tut dem Herzen nicht weh. Natürlich brach trotz der Konflikte der Kontakt mit ihm nicht ab. Obwohl ich zweifellos immer noch das Gefühl habe, eine schlechte Mutter zu sein."

Natürlich muss sich diese Mutter mit diesem nagenden Gefühl auseinandersetzen. Aber sie sollte sich auch verabschieden von dem Bild der schlechten Mutter. Sie kann sich sagen: Ich habe gegeben, was ich geben konnte. Vielleicht war es nicht immer genug. Aber jetzt vertraue ich, dass der Sohn oder die Tochter mit dem, was sie empfangen haben, ihr eigenes Leben gestalten. Dafür sind sie verantwortlich und nicht mehr ich, ganz gleich, wie ich die Kinder erzogen habe.

Es gibt kein verbindliches Muster

Natürlich kommt es auch vor, dass Kinder ausziehen und doch in der Nähe der Eltern wohnen bleiben, so dass trotz der Distanz der Haushalte ein ganz normaler und intensiver Kontakt erhalten bleibt. Abschied vom Elternhaus verlangt oft auch Mut. Es gibt immer öfter auch den Fall, dass Kinder es vorziehen, zu Hause zu wohnen. Das muss nicht heißen, dass sie nur die Bequemlichkeit im „Hotel Mama" suchen. Dahinter kann auch eine soziale Angst stecken, alleine aufzubrechen, sich ins unbekannte Leben hinauszubegeben. Das macht den Eltern auch Angst. Durch die Coronaepidemie kam es dazu, dass Kinder länger zu Hause blieben, als das früher der Fall gewesen wäre, oder dass sie wieder bei ihren Eltern einzogen.

Der Auszug aus dem Elternhaus ist für beide Teile – für die Eltern und für die Söhne und Töchter – eine Herausforderung. Beide Teile müssen Abschied nehmen vom bisherigen Zusammenleben. Nur wenn den Kindern der Abschied gelingt, können sie sich ganz auf das Studium oder die Arbeit einlassen, sind sie frei, sich auf neue Beziehungen, auf eine Freundschaft oder Partnerschaft einzulassen. Wenn sie dann heiraten, steht ein neuer Abschied für beide Teile an. Der Sohn oder die Tochter, die heiraten, müssen sich von der bisherigen Art der Beziehung zu den Eltern verabschieden, um sich ganz auf den Partner, die Partnerin einlassen zu können. Wenn der Sohn noch zu sehr an die Mutter gebunden ist, wird die Beziehung für seine Frau schwierig. Und umgekehrt, wenn die Frau noch zu sehr an den Vater gebunden ist, wird der Mann an ihrer Seite emotional verhungern.

Eine Frau erzählte mir, dass ihr Mann immer noch ganz eng an die Mutter gebunden ist. Er kann sich nicht von ihr lösen. Und die Mutter setzt alle möglichen Tricks ein, um die Bindung an sich festzuhalten. Das Paar hat einen gemeinsamen Urlaub in den USA geplant. Als sie am Flughafen auf den Abflug warteten, rief die Mutter an, dass es ihr so schlecht gehen würde, der Sohn solle unbedingt sofort zu ihr kommen. Der Sohn ließ seine Frau alleine in die USA fliegen. Er kehrte um und fuhr zur Mutter. Wenn so etwas öfter geschieht, gibt es keine Chance für diese Partnerschaft.

Viele Eltern nehmen sich zwar vor, ihre Kinder loszulassen. Doch wenn sie dann die Freundin oder den Freund vorstellen, tun sie sich schwer, sie sich als Partner ihrer Kinder zu akzeptieren. Sie hätten sich einen anderen Partner, eine andere Partnerin für ihr Kind gewünscht. Doch dann sind sie gefordert, sich von den eigenen Partnerbildern zu verabschieden und dem Kind den Partner zu gönnen, den es für sich ausgewählt hat.

Wenn die Eltern sich trennen

Andere Kinder wachsen in der Familie auf. Aber sie nehmen wahr, dass die Eltern ständig streiten oder dass sie sich auseinandergelebt haben. Viele Kinder leben dann in der Angst, dass sich die Eltern trennen könnten. Sie versuchen dann, durch ihr Wohlverhalten das Auseinanderbrechen der Familie zu verhindern. Doch damit überfordern sie sich selbst. Sie verbiegen sich und achten nicht auf den eigenen Entwicklungsweg. Ein Mann erzählte mir, dass er als 12-Jähriger ständig in der Angst lebte, dass die Eltern sich trennen könnten. So sagte er sich: „Wie es mir geht, ist gar nicht wichtig. Hauptsache, die Eltern bleiben zusammen." Doch diese Einstellung wurde ihm später zum Verhängnis. Bei jedem Konflikt, den er in der Firma erlebte, prägte ihn diese Einstellung. Er passte sich immer den andern an, nur damit es keinen Konflikt gibt. Doch irgendwann spürte er, dass er sich mit diesem Verhalten selber überfordert und schadet.

Für die Kinder entscheidend ist, wie sich die Eltern trennen. Es gibt Ehepaare, die sich auf faire Weise trennen und die auch bewusst die Verantwortung für die Erziehung der Kinder weiterhin teilen. Sie vermitteln den Kindern Sicherheit, auch wenn diese natürlich den Wunsch haben, dass die Eltern zusammenbleiben und sie eine ganze und heile Familie erleben.

Wenn die Kinder andere Wege gehen oder den Kontakt verweigern

Loslassen ist auch gefragt, wenn die Kinder in ihrer neuen Familie andere Wege gehen, als sich die Eltern vorgestellt haben. Für viele traditionelle Christen etwa ist es schmerzlich zu sehen, dass die Kinder sich von der Kirche entfernt haben, dass der Glaube auf einmal für sie keine Rolle mehr spielt. Andere erleben, dass die Kinder sich politisch in der rechten Szene engagieren, sich einer religiösen Sekte oder esoterischen Zirkeln anschließen. Manchmal führt der ganz andere Weg dazu, dass die Kinder sich völlig von den Eltern distanzieren. Sie brechen den Kontakt mit ihnen ab, oft nicht nur mit den Eltern, sondern auch mit den Geschwistern. Wenn sie dann in ihrer neuen Familie selber Kinder bekommen, verweigern sie ihren Eltern die Enkelkinder. Das tut weh. Die Eltern fragen sich dann, was sie falsch gemacht haben. Sie wären bereit, sich zu ändern, wenn die Kinder ihnen sagen würden, was sie an ihnen stört und was sie besser machen könnten. Aber sie haben keine Chance, mit den Kindern darüber zu sprechen. Sie verweigern jeden Kontakt.

Der Abschied, den die Kinder auf diese radikale Weise vollziehen, schneidet ihnen die Wurzeln ab. Manchmal ist es sicher angemessen, mehr Distanz zu den Eltern zu haben. Doch die Wurzeln abzuschneiden, ist niemals fruchtbar. Im Gegenteil, dann kann der eigene Lebensbaum nicht wachsen. Selbst wenn die Wurzeln manchmal vergiftet sind, gilt es, sie zu reinigen, anstatt sie abzuschneiden. Für die Eltern ist diese Form von Abschied sehr belastend. Oft verlieren sie ihre Lebensfreude, machen sich Schuldgefühle: Was haben wir in der Erziehung falsch gemacht?

Manche Eltern versuchen dann alles, um die Beziehung wieder herzustellen. Doch dann verhärten sich die Fronten oft noch mehr. Es gilt dann auch für die Eltern, diesen schmerzlichen Abschied von ihren Kindern zu vollziehen. Aber zugleich sollten sie die Hoffnung nie aufgeben, dass die Beziehung wieder hergestellt und die alten Wunden geheilt werden. Nur wenn sie diesen aufgezwungenen Abschied auch für sich persönlich vollziehen, können sie sich wieder ganz auf ihr Leben einlassen und die Beziehung zu den andern Kindern wieder bewusst und dankbar leben. Erst wenn sie frei geworden sind von der Bindung an die Tochter oder den Sohn, die den Kontakt abgebrochen haben, kann für sie neue Lebendigkeit entstehen und kann ein Raum der Freiheit wachsen, in dem dann die Beziehung wieder möglich wird. Solange der Kontaktabbruch besteht, können sie immerhin für ihr Kind beten. Solange sie beten, haben sie Hoffnung. Und Hoffnung bewirkt oft Verwandlung der Beziehung.

Abschied von der Idee der heilen Familie

Auch in der eigenen Familie kann es zu schmerzhaften Abschieden kommen. Eltern leiden darunter, wenn die Geschwister sich streiten und sich aus dem Weg gehen. Eine Frau erzählte mir, sie habe mit ihren Kindern die Erbschaft im gemeinsamen Gespräch geregelt. Doch ein halbes Jahr später war ein Sohn nicht mehr damit einverstanden. Es gab heftigen Streit zwischen den Geschwistern. Die Mutter war verzweifelt. Sie hatte doch alles gut gemeint. Sie musste Abschied nehmen von der Idee einer Familie, die sich versteht und die fair miteinander umgeht.

Manchmal muss man auch Abschied nehmen von der Idee einer heilen Familie, die sich versteht und die fair miteinander umgeht.

Ein Vater erzählte mir, wie sehr er und seine Frau darunter leiden, dass sich Tochter und Sohn nicht verstehen. Wenn der Vater Geburtstag feiert, darf er nur immer entweder die Tochter oder den Sohn einladen. Auch er fragt sich mit seiner Frau, was sie verkehrt gemacht haben, dass die Geschwister sich so anfeinden. Doch wenn sie alle Schuld bei sich suchen, machen sie sich nur selber klein. Sie sollten sich weder rechtfertigen noch beschuldigen. Sie haben gegeben, was sie konnten. Es ist jetzt die Verantwortung von Sohn und Tochter, wie sie miteinander umgehen.

Wenn die Eltern alt und hilfsbedürftig werden

Am Ende stehen noch einmal besondere Abschiede. Eine Frau erzählt: „Ich habe kürzlich meinen bald 90-jährigen Vater in einem Pflegeheim angemeldet. Ich hatte mit ihm eine nicht ganz einfache Beziehung. Jetzt mit einer beginnenden

Demenz ist er immer mehr desorientiert, pflegebedürftig. Er hat das früher immer gewollt und auch in seinen Gesprächen mit uns geplant. Aber das hat er vergessen, und es ist offenkundig nicht mehr sein Wille, dahin zu gehen: ‚Was soll ich bei diesen alten Leuten, die ich nicht kenne?‘ Als ich das letzte Mal mit ihm telefonierte, hatte ich nicht das Gefühl, dass er mich kannte. Es ist ein echter Abschied. Und ich habe das Gefühl, dass er in diesem Heim nicht mehr lange leben wird. Als ich das sehr nüchterne und sachliche Telefonat mit der Pflegeleitung beendet hatte, bin ich ins Bad, habe die Zähne geputzt. Und bin in Tränen ausgebrochen. Es war Trauer: über ihn, das Mitgefühl, und auch der Schmerz, ihm etwas zufügen zu müssen, was notwendig ist, aber was ihm wehtut. Auch die Trauer darüber, dass sein Leben jetzt so klein werden wird, dass ihm auch gewohnte Orientierungen wegbrechen werden und dass er sich vielleicht vorkommen wird wie ein verlorenes kleines Kind. Als meine Kinder aus dem Haus gingen, hatte ich das Gefühl von Zukunft. Jetzt ist dahinter nichts mehr.“

Wenn die Eltern älter und hilfsbedürftig werden, gibt es eine neue Form von Abschied. Auch den dürfen wir betrauern. Zunächst ist es für die Kinder eine Herausforderung, sich von dem Bild des starken Vaters oder der immer fürsorglichen Mutter zu verabschieden. Und es gilt auch, sich von dem eigenen Bedürfnis zu verabschieden, sich an den Vater anlehnen zu können oder bei der Mutter Verständnis und Geborgenheit zu erleben. Wie soll es weitergehen, wenn die Eltern beide hilfsbedürftig sind? Die Kinder stehen vor der Frage, wie sie die Verbindung jetzt gestalten sollen. Sind sie verpflichtet, die Eltern bis zum Lebensende zu pflegen? Die Bindung an sie bedeutet sicher, dass sie für die Eltern sorgen, wenn die nicht mehr für sich sorgen können. Aber zugleich braucht es auch eine gesunde Selbstfürsorge. Wenn die Kinder über ihre Kräfte gehen, werden sie auch den Eltern nicht zum Segen. So gilt es, vor dem eigenen Gewissen und angesichts der Bedürfnisse der Eltern einen Weg zu finden, der für beide Teile gangbar ist und für beide zum Segen werden kann.

....

Für die Kinder kann es auch eine Herausforderung sein, sich von dem Bild des starken Vaters oder der immer fürsorglichen Mutter zu verabschieden. Und es gilt auch, sich von dem eigenen Bedürfnis zu verabschieden, sich an den Vater anzulehnen oder bei der Mutter Verständnis und Geborgenheit zu erleben.

....

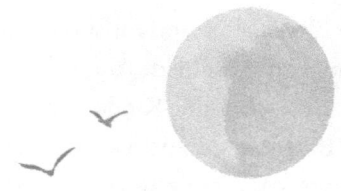

Scheiden tut weh: Wie Trennung gelingen kann, wenn Beziehungen auseinandergehen

Ganz unterschiedliche Geschichten

Im Jahr 2020 wurden allein in Deutschland durch richterlichen Beschluss rund 143 800 Ehen geschieden. Auch wenn die Zahlen inzwischen leicht zu sinken scheinen: Die Zahl der Ehescheidungen ist immer noch sehr hoch. Hinter der Statistik stehen ganz individuelle, oft sehr unterschiedliche Geschichten. Manchmal zerbrechen die Ehen schon nach wenigen Jahren, manchmal in der Lebensmitte. Da spüren etwa beide Partner, dass sie sich in ganz verschiedene Richtungen entwickelt haben, dass ihre Interessen ganz unterschiedlich sind, dass sie kaum mehr miteinander, sondern nur noch nebeneinander leben und auch in ihrer Werthaltung immer deutlicher auseinanderstreben – und sie ziehen die Konsequenz. Oder da ist die Erfahrung einer verletzten Treue, die vom Partner als Vertrauensbruch erlebt wird, der nicht vergeben werden kann. Es gibt auch Paare, die sich nach 30 oder 40 Jahren gemeinsamer und ohne auffällige Konflikte geführter Ehe voneinander trennen. Die gemeinsamen Kinder sind aus dem Haus und halten die Verbindung nicht mehr zusammen. Da kann etwa eine Frau den Mann nicht mehr aushalten. Sie erträgt nicht, wie er sich nach seiner Pensionierung daheim verhält und sie zu dominieren versucht. Solange beide gearbeitet haben, war das Verhältnis von Nähe und Distanz in Ordnung. Doch nun sind sie ständig zusammen und erleben, dass sie sich täglich gegenseitig auf die Nerven gehen oder die Monotonie des Immergleichen nicht länger aushalten wollen. Die Frau hat Angst, dass sie krank wird, wenn sie noch länger in dieser Beziehung bleibt, und betreibt die Scheidung. Auch umgekehrt kann es vorkommen, dass der jetzt pensionierte Mann nicht erträgt, wie seine Frau ihn jetzt behandelt. Oder dass er seine Unzufriedenheit nach der beruflichen Phase auf die Partnerin projiziert.

In der Lebensmitte sind es oft andere Gründe, warum sich Partner trennen. Es kann sein, dass sie kaum mehr miteinander sprechen, sich als Person dem anderen nicht mehr öffnen. Es kann sein, dass das Gefühl der Liebe verblasst ist – und der Mann sich in eine andere Frau verliebt oder die Frau in einen anderen Mann. Da verspürt einer oder eine nach 20 Jahren Ehe die Begrenztheit der gegenseitigen Liebe und lässt sich von einem anderen Mann/von einer anderen Frau berühren und erfährt eine neue Intensität. Eigentlich wäre jetzt die Aufgabe, das, was der andere in mir wachruft, in mein Leben und in meine Person zu integrieren und es in meiner Partnerschaft zu leben. Doch manche kommen dann nicht von der neuen Liebe los. Es kann aber auch passieren, dass jemand noch nach Jahren nicht versteht, wieso damals aus heiterem Himmel der Anwaltsbrief kam, in dem der Partner mitteilen ließ, dass er sich trennen wollte. Oder einer erzählt, wie plötzlich die Zeit für ihn stehen blieb, als der Partner unvermittelt mitteilte, dass er nun doch ausziehen wird.

Rosenkriege, die nicht weiterführen

Ganz gleich, welche Gründe die Trennung hat: Je länger man zusammengelebt hat, desto schmerzlicher kann der Abschied sein. Manchmal gelingt er in einer fairen Weise, und nach der Trennung bleiben beide vielleicht sogar freundschaftlich verbunden. Oft aber gibt es einen „Rosenkrieg". Der Begriff stammt aus dem mittelalterlichen kriegerischen Streit rivalisierender englischer Adelsfamilien (die weiße Rose des Hauses York, die rote Rose des Hauses Lancaster) und meint die Kämpfe um den Thronanspruch. Auch heute und im Privaten: Man streitet unerbittlich, bekämpft und verletzt den Partner in den rechtlichen und finanziellen Auseinandersetzungen. Man bombardiert ihn mit aggressiven Schreiben vom Rechtsanwalt, hält nur sich im Recht und will den anderen verlieren sehen. Die Liebe ist in Hass umgeschlagen. Die Wut führt nicht zur inneren Distanz zum anderen. Im Hass ist man aber immer noch an den anderen gebunden. Man kreist ständig um ihn. Immer wenn das Verhalten in dieser Weise eskaliert, zeigt das, dass der Abschied nicht gelungen ist, auch wenn man juristisch vielleicht den Sieg davongetragen hat.

Man streitet unerbittlich, bekämpft und verletzt den Partner in den rechtlichen und finanziellen Auseinandersetzungen. Die Liebe ist in Hass umgeschlagen. Im Hass ist man aber immer noch an den anderen gebunden. Man kreist ständig um ihn. Immer wenn das Verhalten in dieser Weise eskaliert, zeigt das, dass der Abschied nicht gelungen ist, auch wenn man juristisch vielleicht den Sieg davongetragen hat.

Gefühle wahrnehmen und ernst nehmen

Damit der Abschied bei einer Trennung gelingt, ist es wichtig, die Gefühle wahrzunehmen, die in einem auftauchen. Da ist nicht nur der Schmerz, der das Herz zusammenzieht. Da ist auch das Empfinden der Demütigung, der Ohnmacht, das verletzte Selbstwertgefühl. Da ist oft zudem die Wut, mit der man den anderen bekämpfen möchte. Da ist aber auch Scham: Man schämt sich vor seinen Freunden und Bekannten, weil man die Ehe nicht aufrechterhalten konnte. Man schämt sich, weil man seinen eigenen Anspruch an eine gelingende Partnerschaft nicht einlösen konnte. Oder man schämt sich, dass man allein gelassen wurde. Und dann ist da oft die Angst: Werde ich denn das Leben alleine schaffen? Wie kann ich finanziell durchkommen? Und wie werde ich einmal allein im Alter leben können? Und da ist nicht zuletzt auf einmal auch das Gefühl einer großen inneren Leere. Man spürt gar nichts mehr, nur noch Leere.

Damit der Abschied bei einer Trennung gelingt, ist es wichtig, die Gefühle wahrzunehmen, die in einem auftauchen, auch die heftigen, aggressiven und schambesetzten.

Solche Gefühle wollen ernst genommen werden. Wir sollen sie nicht bewerten. Sie sind einfach da. Der erste Schritt ist, diese Gefühle bewusst wahrzunehmen, sie auch wirklich, leibhaftig, zu spüren – und sie voneinander zu trennen. Denn oft vermischen sich solche heftigen Emotionen, werden zu einem unlösbaren Knäuel. Dann fällt es uns noch schwerer, damit umzugehen. In einer solchen Situation kann ich mich zunächst einfach einmal fragen: Wo fühle ich meine Wut, meine Scham, meine Angst, meine Leere? In einem nächsten Schritt kann ich mir diese Gefühle anschauen. Wenn das nicht wertend und voreingenommen, sondern liebevoll passiert, ist das oft schon eine Hilfe und kann dazu führen, dass die Gefühle sich nicht ineinander verklumpen und verhärten, sondern sich auflösen. Wenn das nicht der Fall ist, kann ich versuchen, mit der positiven Kraft dieser Gefühle in Berührung zu kommen, mit meiner Wut etwa.

Vom Sinn der Wut und der Scham

Die Wut ist die Kraft, mich vom andern zu distanzieren. Ich verwandle die Wut in positive Energie, wenn ich sage: „Ich kann selber leben. Ich bin nicht von dir abhängig." Viele haben die Wut nicht im Bauch, wo sie eigentlich ihren angemessenen Platz hat, sondern eher im Kopf. Im Kopf grübeln sie dann nach, was sie dem andern alles sagen können. Aber dann kreisen sie immer noch um den andern. Da wäre es ein wichtiger Weg, die Wut in den Bauch sacken zu lassen. Dann sind sie fähig, sich vom andern zu distanzieren, ihn aus sich herauszuwerfen. Wenn die Wut im Kopf bleibt, führt das zu endlosen inneren Gesprächen oder aber zu aggressiven Beschimpfungen des Partners. Wenn sie in den Herzbereich geht, dann verursacht sie Herzschmerzen. Nur im Bauch kann sie ihre befreiende Kraft ausüben. Dann wird sie auch wieder zu einer Energie, die uns fähig macht zum Leben und auch zu einer neuen Beziehung.

Und wenn die Scham groß ist, ist es gut, sich bewusst zu machen: Scham kann unsere Würde schützen. Aber es gibt eben auch die Scham, die uns beschämt, indem wir uns dem Blick anderer ausgesetzt fühlen. Diese Art Beschämung hält uns vom Leben ab. So ist es wichtig, dass wir unsere Scham anschauen und klären, wo sie uns guttut und wo sie uns daran hindert, so zu leben, wie es unserem Wesen entspricht. Eine solche Klärung kann mich vor den Blicken und Urteilen der andern schützen, aber auch mich selbst vor der Selbstverurteilung.

Angst und innere Leere

Die Angst schnürt einem manchmal die Kehle zu. Aber wenn ich sie zulasse, lädt sie mich auch ein, gut für mich zu sorgen. Gerade in emotional belasteten Situationen des Alleinseins ist es notwendig, sich nicht zu vernachlässigen, sondern liebevoll mit sich umzugehen, für sich selber zu sorgen, auf sich zu achten und sich Gutes zu tun.

Und schließlich die innere Leere, die ich in mir spüre: Sie will gefüllt werden entweder durch die Liebe, die ja immer noch in mir ist. Aber diese Liebe löst sich vom anderen Menschen. Sie ist nicht an ihn gebunden. Sie ist eine Kraft in mir. Ich kann die innere Leere auch füllen, indem ich Musik höre, die meine Seele berührt, mich in Lektüre vertiefe, die mir andere Lebensmöglichkeiten zeigt, mir Kunst anschaue, die meine eigene Erfahrung erweitert, oder indem ich vielleicht sogar selber male und versuche, mich auf diese Weise auszudrücken. Dann kann ich vielleicht spüren, dass in meiner inneren Leere doch viele Fähigkeiten verborgen sind. Es gibt darüber hinaus auch den spirituellen Weg, die Leere auszufüllen: Ich stelle mir vor, dass Gottes Liebe in diese Leere einströmt und meinen ganzen Leib durchdringt. Dann fühle ich mich bei mir selbst daheim. Ich fühle mich nicht mehr leer, sondern erfüllt von einer Liebe, die unabhängig ist von dem Menschen, der mich in meiner Liebe verletzt hat.

Ein Gespräch mit meinen Emotionen
kann helfen

Es gibt auch noch einen anderen Weg, mit meinen Emotionen umzugehen. Ich kann das Gespräch mit ihnen beginnen. Ich beschäftige mich dann ganz rational mit ihnen. Ich frage zum Beispiel die Wut, wogegen sie sich richtet. Und ich überlege, wie ich sie in guter Weise als verändernde Kraft einsetzen kann. Ich frage die Scham, was sie mir sagen möchte. Vielleicht erinnert sie mich an Erlebnisse aus der Kindheit, wo ich mich geschämt habe? Ich frage die Angst, was sie mir sagen möchte. Sie kann schließlich eine Herausforderung sein, gut für meine Zukunft zu sorgen. Auch eine spirituelle Haltung kann hilfreich sein. Sie kann mich einladen, auf Gottes Segen zu vertrauen. Ich bin, wenn ich mich auf dieses Vertrauen einlasse, nicht mehr allein mit meiner Angst. Schließlich kann ich mit meiner inneren Leere ein Gespräch beginnen. Es ist gut, diese Leere nicht gleich wieder aufzufüllen mit allen möglichen Aktivitäten oder Ersatzbefriedigungen. Es geht auch darum, sie auszuhalten, sie sich einzugestehen. Wenn ich das tue, kann ich vielleicht in meiner Leere eine Sehnsucht entdecken: die tiefe Sehnsucht nach einer Liebe, die nicht begrenzt ist durch menschliche Schwächen. Die Sehnsucht nach Geborgenheit, nach Heimat. Oder auch die Sehnsucht nach Schönheit, die mich im Herzen berührt.

Eine neue Grundlage finden

Eine Frau hat ihrem Mann immer den Rücken freigehalten, damit er in seinem Beruf weiterkommen und Karriere machen kann. Jetzt hat er sie nach 30 Jahren Ehe wegen einer jüngeren Frau verlassen. Sie ist nicht nur tief verletzt, sondern hat auch das Gefühl, umsonst geliebt zu haben. Sie fragte: Wie komme ich aus diesem Gefühl des Schmerzes und der Verzweiflung heraus? Es tut weh, sich einzugestehen, dass alles, was ich für meinen Mann getan habe, von ihm einfach übergangen wird. Er honoriert es nicht, sondern verlässt mich.

Der spirituelle Weg, mit der Wunde der Trennung gut umzugehen: Ich verdränge die Gefühle nicht. Aber ich kann darauf vertrauen, dass die Gefühle sich wandeln, wenn ich sie Gott hinhalte und wenn seine Liebe in sie einströmt.

Dieser Frau habe ich geraten, die Wut zuzulassen: Die ist eine Hilfe, um sich von Ihrem Mann innerlich lösen zu können. Aber ich habe ihr auch gesagt: Sie sollten auch würdigen, was Sie getan haben. Sie haben immerhin Ihrem Mann ermöglicht, weiterzukommen. Sie haben einem anderen Menschen nicht nur gedient. Sie haben ihn geliebt. Und diese Liebe kann Ihnen niemand nehmen, auch der Mann nicht, der sich jetzt einer anderen Frau zugewandt hat. Aber jetzt geht es darum, für das eigene Leben eine neue Grundlage zu finden. Sie sollten sich fragen: Was möchte ich jetzt leben? Was stecken in mir für Fähigkeiten und Möglichkeiten? Wichtig ist auch: Wenden Sie sich den Freunden zu, bei denen Sie Verständnis finden. Und achten Sie immer auf Ihre eigene Würde. Sie sind wertvoll und Sie können sich jetzt das Leben gönnen, auf das Sie bisher Ihres Mannes wegen verzichtet haben.

Viele fragen mich auch nach einem spirituellen Weg, mit der Wunde der Trennung gut umzugehen. Er geht nach meiner Erfahrung darüber, dass ich all meine Gefühle von Schmerz und Wut, von Scham und Angst und Leere Gott hinhalte. Ich verdränge die Gefühle nicht. Aber ich kann darauf vertrauen, dass die Gefühle sich wandeln, wenn ich sie Gott hinhalte und wenn seine Liebe in sie einströmt.

Auch wenn Beziehungen sich wandeln – die Hoffnung auf Liebe nicht aufgeben

Brüche und Abbrüche von Beziehungen

Wir sind dankbar, wenn wir gute Freunde haben oder wenn wir uns in der Partnerschaft verstehen. Und wir gehen davon aus, dass das immer so bleibt. Doch die Erfahrung zeigt: Es gibt immer wieder auch Brüche in einer solchen Beziehung. Dann müssen wir uns verabschieden von der Illusion, dass unsere Beziehung so gefestigt ist, dass sie immer bestehen bleibt. Denn Beziehungen ändern sich, auch Beziehungsnetze wandeln sich, vor allem in der Jugend. Man kommt in immer neue berufliche und private Zusammenhänge, findet Weggefährten, andere Bekannte und Freunde, verabschiedet sich wieder oder geht Bindungen ein, von denen man wieder hofft, dass sie dauerhaft sind. Durch die Möglichkeiten des Internets, durch Medien wie Facebook, Twitter, Instagram, Signal etc. sind die Möglichkeiten des Kennenlernens

Es gibt immer wieder auch Brüche in einer Beziehung. Dann müssen wir uns verabschieden von der Illusion, dass unsere Beziehung so gefestigt ist, dass sie immer bestehen bleibt.

noch gewachsen. Nicht immer halten die wirklichen Gefühle mit den technischen Möglichkeiten mit. Die Bereitschaft zur Bindung schwindet. In den Partnerschaftsportalen gibt es die Möglichkeit, durch einen Wisch die Beziehung einfach auszulöschen, als ob sie nie gewesen wäre. Doch diese Unverbindlichkeit tut den Menschen nicht gut. Ein Wegwischen der Beziehung verletzt den, der sich darauf eingelassen hat.

Abschiede auf Zeit oder für immer

Immer wieder gibt es Abschied in einer Freundschaft. In der Jugendzeit verlieben sich viele junge Menschen in eine Freundin oder einen Freund. Sie fühlen sich glücklich. Doch oft erleben sie schon nach einer kurzen Zeit des Glücks eine Trennung. Die junge Frau trennt sich von ihrem Freund. Sie hat das Gefühl, er passe nicht zu ihr. Oder sie verliebt sich in einen anderen Mann. Der junge Mann trennt sich von seiner Freundin. Ihre Anhänglichkeit wird ihm zu stark. Er möchte frei sein. Oder aber er spürt, dass er in der Phase des Verliebtseins blind war für ihre Schattenseiten.

Auch ein solcher Abschied ist immer mit Schmerzen verbunden. Manchmal ist der Abschied nur auf Zeit, wenn einer von beiden für ein Jahr ins Ausland geht und dort arbeitet oder studiert. Der Abschied ist von der Hoffnung getragen, dass es dem andern gut geht in der Fremde, und dass der, der daheim bleibt, auch treu bleibt. Und man hofft, dass man sich gesund und mit noch tieferer Liebe wiedersehen wird. Aber es gibt in dieser Zeit immer wieder auch Abschiede für immer. Man hat sich verliebt, doch dann spürt man, dass man das Leben doch nicht mit dem Partner, der Partnerin teilen kann. Die Unterschiede sind zu groß. Die Phase des Verliebtseins ist vorbei. Jetzt sieht man auf einmal all das, für das man beim Verliebtsein blind war. Aber trotzdem ist da noch das starke Gefühl einer Liebe. Trotz der Liebe muss man Abschied nehmen, so sagt es nicht nur der Verstand, sondern oft genug auch das Herz. Doch das Herz ist hin- und hergerissen zwischen dem Wunsch, in der Beziehung zu bleiben, und dem Wunsch, sich zu verabschieden. Manche haben Angst, Abschied zu nehmen, obwohl sie für ihre Beziehung wenig Hoffnung spüren. Doch sie haben Angst, dann allein zu sein.

Damit sie nicht allein sind, halten sie an der Beziehung fest trotz aller Zweifel. Manchmal versetzt einen der Partner oder die Partnerin auch in die Situation, unfreiwillig Abschied zu nehmen, weil der andere die Beziehung abbrechen möchte. In dieser Zeit leiden viele junge Menschen an Depressionen oder sie werden innerlich verunsichert. Sie spüren, wie der Abschied schwerfällt. Und trotzdem sagt ihnen oft nicht nur der Kopf, sondern auch das Herz, dass der Abschied sein muss, damit sich neue Türen auftun und man den Mut hat, den Weg zu gehen, den man für richtig hält, in der Hoffnung, dass man die Partnerin oder den Freund findet, mit dem man auf Dauer Glück erfahren kann.

Mut und Kraft für neue Beziehungen

Immer wieder erlebe ich auch junge Menschen, die nicht Abschied nehmen können vom Freund, von der Freundin, die sie verlassen haben. Sie trauern immer noch der Beziehung nach. So sind sie oft nicht fähig, sich auf eine neue Beziehung einzulassen. Und wenn sie dann eine neue Freundin gefunden haben, vergleichen sie sie ständig mit der vorherigen. Sie sind nicht offen für die neue Freundin. Oder die junge Frau trauert dem Freund nach, der sie verlassen hat. Sie vergräbt sich in sich, kreist ständig um die Frage, was sie falsch gemacht hat. Oder sie zweifelt an ihrem eigenen Selbstwertgefühl: Bin ich nicht wert, dass ein Mann mich liebt? Ist in mir etwas Abstoßendes? Mit solchen Grübeleien verbraucht man ganz viel Energie. So hat man nicht mehr den Mut und die Kraft, sich auf eine neue Beziehung einzulassen. Die Emotionen – und der Umgang mit ihnen – sind denen nicht unähnlich, die bei einer Scheidung auftauchen: Schmerz, Angst, innere Leere, die Bedrohung des Selbstwertgefühls. Aber es ist notwendig, dass wir durch die Schmerzen des Abschieds hindurchgehen und nicht in ihnen stecken bleiben. Nur dann sind wir fähig für einen neuen Anfang. Es gilt, die zerbrochene Beziehung zu betrauern, damit wir in Berührung kommen mit dem Grund unserer Seele und mit der Kraft, die wir dort spüren, mit der Kraft, die uns von Gott her zuströmt.

Abschied von Bildern über den anderen

Am Anfang einer Partnerschaft haben oft beide Partner bestimmte Bilder von sich selbst und vom andern. Man liebt dann mehr das Bild, das man sich vom andern gemacht hat, als diesen konkreten Menschen. Der Mann sieht in seiner Frau entweder die fürsorgliche Mutter oder die schöne erotische Frau, die ihn fasziniert. Oder aber er sieht in ihr die hilfsbedürftige Frau, für die er liebend gerne sorgt. Die Frau sieht im Mann manchmal den Vater. Weil der eigene Vater abwesend war und sie keine emotionale Nähe zu ihm entwickeln konnte, wirkt vielleicht ihr etwas älterer Mann wie ein Ersatzvater. Oder aber sie sieht in ihm den starken Mann, der die Dinge im Griff hat. Manchmal sieht sie auch den Sohn in ihm, für den sie mütterlich sorgt.

....

Den andern so zu erkennen, wie er wirk-
lich ist, bedeutet: Abschied zu nehmen
von den idealen Bildern, die wir uns von
ihm gemacht haben. Dieser Abschied ist
notwendig. Und er ist auch eine Chance.

....

Irgendwann muss man dann diese Bilder, die am Anfang einer Beziehung stehen, loslassen. Das gilt für Männer wie für Frauen. Die Frau entwickelt sich weiter, sie wird stärker. Sie braucht jetzt nicht mehr den Vater, sondern einen wirklichen Partner. Sie braucht auch nicht mehr den nüchternen Tatmenschen, dem alles gelingt. Sie wünscht sich für ihre Beziehung jemand, mit dem sie ihre Gefühle austauschen kann, der ihr auch seine Gefühle zeigt. Sie muss sich also von den ursprünglichen Bildern verabschieden. Ähnlich kann es dem Mann ergehen. Wenn die Frau stärker geworden ist, muss er sich vom Bild der Tochter oder der hilfsbedürftigen Frau verabschieden und seine Partnerin so annehmen, wie sie ist. Und die Frau will nicht immer Mutter für ihn sein. Sie möchte einen Partner und kein Kind, für das sie ständig sorgen muss.

Beziehungen entwickeln sich

Je näher sich die Partner kommen und je länger sie zusammenleben, desto besser lernen sie sich kennen. Dann sieht die Frau in ihrem Mann, der ihr zunächst wegen seiner überzeugenden Glaubenshaltung sympathisch war, auf einmal nicht nur seinen Glauben, sondern nimmt vielleicht auch seine Rechthaberei wahr und reibt sich zunehmend daran. Und der Mann bemerkt auf einmal auch die Schwächen seiner Frau, ärgert sich darüber, dass sie eine andere Vorstellung von Ordnung hat als er. Oder aber er erkennt, dass sie manchmal depressive Phasen hat – die er vorher nicht wahrgenommen hat. Den andern so zu erkennen, wie er wirklich ist, bedeutet: Abschied zu nehmen von den idealen Bildern, die wir uns von ihm gemacht haben. Dieser Abschied ist nicht nur notwendig. Er ist auch eine Chance. Denn er befreit uns von dem Druck, dass wir dem andern immer unser perfektes Bild zeigen müssen. Wir dürfen sein, wie wir sind. Wir brauchen unsere Schwächen nicht zu verstecken. Und wir werden fähig, auch den andern so anzunehmen, wie er ist, anstatt ihn mit dem Bild zu identifizieren, das wir ihm übergestülpt haben. Der Abschied von den Bildern führt dazu, dass die Beziehung immer ehrlicher, echter und letztlich liebevoller wird. Denn unsere Liebe ist nicht mehr an Bedingungen geknüpft.

Von der Liebe dürfen wir nicht Abschied nehmen

Friedrich Hölderlin hat ein langes Gedicht mit der Überschrift „Der Abschied" geschrieben. Ich zitiere ein paar Verse daraus:

> „Trennen wollten wir uns, wähnten es gut und klug?
> Da wirs taten, warum schröckte, wie Mord, die Tat?
> Ach! wir kennen uns wenig,
> Denn es waltet ein Gott in uns.
>
> Den verraten? ach ihn, welcher uns alles erst,
> Sinn und Leben erschuf, ihn, den beseelenden
> Schutzgott unserer Liebe,
> Dies, dies eine vermag ich nicht."

Das Gedicht kreist um den Abschied von der großen Liebe Hölderlins. Diotima wird für Hölderlin zum Symbol für die Liebe überhaupt, auch für ihre absolute Dimension. Auf der einen Seite denkt der Dichter, der Abschied sei klug. Aber er erschrickt darüber. Und er bekennt, dass er sich eigentlich wenig selbst kennt und sich deshalb nicht gut einschätzt. Der Grund dafür: In uns ist das Geheimnis Gottes, das größer ist als wir selbst, das unser Leben selbst in ein Geheimnis taucht, das wir nie ganz durchdringen können. Wenn wir von einem Liebenden Abschied nehmen, dann verraten wir den Gott in uns, den Schutzgott unserer Liebe. Und das ist eigentlich gar nicht möglich, zumindest für Hölderlin nicht.

Von einer geliebten Person müssen wir manchmal Abschied nehmen, wenn wir spüren, dass die Beziehung uns beide krank macht oder dass etwas in uns zerbrochen ist. Aber von der Liebe, die die geliebte Person in uns hervorgerufen hat, dürfen wir nicht Abschied nehmen. Sie bleibt in uns.

Dennoch hat er sich von Diotima verabschiedet. Im Laufe des Gedichtes schreibt er davon, dass er sie vielleicht nach langer Zeit wiedersehen könnte. Doch bis dahin hat er den Lethetrank des Vergessens getrunken und sein Wünschen ist verblutet. So können sie friedlich miteinander sprechen. Doch im Grunde sind sie sich fremd geworden.

In diesem Gedicht spüren wir die Zwiespältigkeit des Abschieds. Von der tief im Innern geliebten Frau dürfen wir eigentlich nicht Abschied nehmen. Denn sie erinnert uns an den Gott in uns, an dem wir keinen Verrat üben dürfen. Trotzdem gebietet uns die Vernunft oft den Abschied. Doch der Abschied lässt sich nicht allein durch die Vernunft bewältigen. Er wühlt unsere Gefühle auf. Aber durch den Abschied ist eine Begegnung anderer Art möglich, von dem Hölderlin sagt, dass durch ihn eine neue Qualität der Gespräche befreit wird: „in Flammen". Das Herz spürt die Wärme der Liebe. Und zugleich erhebt sich der Geist und erlebt sich selbst auf neue Weise. Er klammert sich nicht mehr an eine Person, sondern lässt sich von ihr inspirieren, so dass neue Ideen in ihm aufsteigen.

Wenn wir die Erfahrungen, die Hölderlin in diesem Gedicht zum Ausdruck bringt, in unsere Zeit übersetzen, so gilt es also zu unterscheiden zwischen dem Abschied von der Liebe und dem Abschied von der geliebten Person. Von einer geliebten Person müssen wir manchmal Abschied nehmen, wenn wir spüren, dass die Beziehung uns beide krank macht oder dass etwas in uns zerbrochen ist. Aber von der Liebe, die die geliebte Person in uns hervorgerufen hat, dürfen wir nicht Abschied nehmen. Sie bleibt in uns. Von dieser Liebe gilt das Wort Hölderlins: „Denn es waltet ein Gott in uns". Die Liebe gehört uns und in dieser Liebe strömt Gottes Liebe in uns.

Reißleine ziehen, um neue Freiheit zu gewinnen – Abschied von toxischen Beziehungen

Was Gift ist für die Freiheit

Es gibt Beziehungen, die bestimmt sind von destruktiven und manipulativen Verhaltensmustern, die einem Partner nicht guttun, die sogar krank machen können. Überwiegend Frauen sind davon betroffen: Da werden sie zunächst mit Liebesbezeigungen überschüttet. Und dann auf einmal ständig kritisiert, erniedrigt, kleingemacht, nicht als freie Person wahrgenommen und gewürdigt. Solche Beziehungen sind Gift für eine freie Entwicklung der Persönlichkeit. Es gibt sie natürlich in verschiedenen Graden, sowohl was den Leidensdruck als auch den Schaden angeht, den sie in Menschen anrichten, aber auch was die Art und die Intensität der gegenseitigen Verstrickung betrifft.

Es gibt die toxischen Beziehungen nicht nur in der Partnerschaft, sondern auch in Gruppen, da vor allem in spirituellen Gruppen. Da fasziniert ein Guru die Gruppe. Doch irgendwann merkt man: Er wendet sich einem nur zu, wenn man sich ihm ganz unterwirft, wenn man die eigene Meinung und die eigene Erfahrung verleugnet. Es ist nicht so einfach, aus solchen Gruppen, die manchmal auch etwas Sektenhaftes an sich haben, auszusteigen. Wer es wagt, seine Freiheit wiederzugewinnen, wird mit Schuldgefühlen überladen: Er werde seine eigene Zukunft verspielen. Er werde schon sehen, wie er in der Gosse landen wird. Mit solchen Schuldgefühlen will man Macht über die Aussteiger gewinnen. Doch gerade diese Methode zeigt die toxische Qualität von Beziehungen, die eine solche Gruppe prägt. Aussteiger brauchen dann Menschen, die sie begleiten und ihnen den Rücken stärken, damit sie ihren eigenen Weg in Freiheit und mit Selbstvertrauen gehen können.

Wie löst man sich von toxischen Beziehungen?

Im Alltag von gelebten Beziehungen ist eine Lösung meist nicht einfach und schnell zu machen. Eine Frau erzählt, wie sie solche Grenzüberschreitungen erlebt: „Es geht da gar nicht so sehr um persönliche Beleidigungen oder ungerechtfertigte Vorwürfe. Nein, diese Leute belasten mich durch ihr ganzes Verhalten, ja schon durch Worte, die sie wie Gift verwenden. Sie rauben mir jede Ruhe. Sie bringen absolut nichts Positives, hören nicht auf das, was ich sage, sie verdrehen die Wirklichkeit. Ob ich Arbeitsprobleme oder berufliche Konflikte hatte, ökonomische oder häusliche Probleme: Diese Personen haben Nähe vorgetäuscht und mich dann mit Vorwürfen bombardiert. Das Allerschlimmste: Sie gaben mir immer das Gefühl, ich selber sei schuld. Jedes Problem, auch jede Missstimmung – meine eigene ‚Sünde‘. Manchmal hatte ich richtigen Hass auf sie. Und erst allmählich merke ich: Ich muss sie gar nicht hassen. Ich muss sie nur aus meinem Leben hinauswerfen. PUNKT.“ Freilich – was mache ich, wenn ich mit solchen Menschen im familiären Umfeld zu tun habe? Die eben zitierte Frau erzählt weiter: „Ich liebe Familientreffen – aber manchmal treffe ich da auf Menschen, das können Neffen, Nichten oder auch ein Schwager sein, die mich so ‚nerven‘, dass es weh tut. Mein Rezept inzwischen: Einfach überhören, innerlich abschalten, so tun, als ob das gar nichts mit mir zu tun hätte. Nicht immer gelingt mir das. Und dann sitze ich wieder in ‚der Falle‘.“

Dauerhafte Belastung

Schwierig wird es allerdings, wenn man mit einer Person ständig zusammenleben muss, deren Verhalten dauerhaft schädigend ist. Eine Frau erzählte mir etwa von ihrem narzisstischen Mann. Er kreist nur um sich selbst. Ständig muss er von seinen Erfolgen im Beruf erzählen. Seine Frau entwertet er – und versucht sie gleichzeitig zu kontrollieren. Ihm passt nicht, was sie anzieht, wie sie geht, was sie kocht. Und er hält sie auch immer mehr von ihren Freunden fern. Anfangs konnte sie das noch ertragen, weil sie dachte: Er braucht nur mehr gesundes Selbstwertgefühl, dann wird er sich schon wandeln. Und sie hatte in sich den Ehrgeiz, ihn „gesundzulieben“. Doch nach einigen Jahren spürte sie, dass sie am Ende ihrer Kräfte war. Sie wurde nur noch kleingemacht. Sie konnte dem Partner nichts recht machen. Er war nur auf sich selbst bezogen, hatte überhaupt keinen Blick für sie. Nicht nur, dass ihre Bedürfnisse ihn in keiner Weise berührten – er verletzte sie auch immer wieder. Sie spürte, dass seine Nähe krank machte. So musste sie die Reißleine ziehen und sich von ihm trennen. Das fiel ihr schwer. Denn sie hatten kirchlich geheiratet und selbstverständlich an die Unauflöslichkeit ihrer Beziehung geglaubt. Und ihr Ideal war, zu dem Ja zu stehen, das sie bei der Trauung ihrem Ehemann gegeben hatte. Sie musste sich nicht nur von dem Lebenskonzept einer glücklichen Ehe verabschieden. Sie musste auch Abschied nehmen von den eigenen Idealbildern, von ihrer Hoffnung, den andern allein durch Liebe verwandeln zu können. Manchmal vermischt sich unsere Liebe auch mit Ehrgeiz: dass wir mit der Liebe alles erreichen können. Von dieser Vorstellung musste diese Frau Abschied nehmen. Natürlich ist es gut, wenn ich darauf vertraue, dass meine Liebe im anderen eine Wandlung bewirken kann. Aber wir müssen auch die Grenzen unserer Einflussmöglichkeiten akzeptieren.

Hinter solchen Konstellationen können Krankheiten stecken, eine pathologische Zwangsstörung etwa. Wenn ein Partner an einer psychischen Krankheit leidet, ist das noch kein Hindernis für eine gute Ehe. Aber dann müssen beide Partner auch bereit sein, etwas für das Gelingen ihrer Beziehung zu tun und sich z. B. therapeutische Begleitung suchen. Nicht immer ist die Bereitschaft dazu vorhanden.

Ein Mann berichtete mir von einem solchen Fall. Seine Frau war misstrauisch gegenüber allem und jedem und weigerte sich, zum Therapeuten zu gehen. Sie meinte grundsätzlich, sie habe recht, alle andern seien im besten Fall blauäugig. Sie tyrannisierte den Mann und die Kinder. Alle mussten ihre Kontrollzwänge unterstützen, ständig nachschauen, ob die Türen alle verschlossen waren, immer neue Sicherheitsvorkehrungen für das Haus mittragen. Das kostete nicht nur viel Geld, das ganze Klima in der Familie wurde dadurch vergiftet. Der Mann spürte mit der Zeit, dass er selbst krank zu werden drohte. Als er den Entschluss fasste, sich von seiner Frau zu trennen, bedeutete das für ihn, nicht nur Abschied zu nehmen von seinem Idealbild einer Ehe, sondern auch von seinem eigenen Selbstbild. Er hatte ein positives Image als Führungskraft in einer großen Firma. Er vertrat in der Firma christliche Werte. Doch jetzt konnte er selbst den von ihm immer hochgehaltenen Wert der Treue nicht mehr durchhalten. Das kratzte an seinem Image. Es war für ihn ein schmerzlicher Prozess, dass gerade er sich verabschieden musste von dem Bild, das er bisher nach außen gelebt hatte.

Wenn ich mich vom anderen verabschiede, bleibe ich nicht in meiner Wut stecken. Ich nehme Abschied und kann den anderen in aller Ruhe „lassen", wie er ist – ohne selber ein schlechtes Gewissen haben zu müssen. Ich wünsche ihm, dass er mit sich in Einklang kommt. Aber zugleich spüre ich, dass es mir und dem andern letztlich guttut, dass wir uns voneinander verabschiedet haben und ich mich, aus einer Abhängigkeit befreit, wieder anderen Menschen zuwenden kann.

Wie kann ich mich schützen?

Bei all diesen Situationen ist es nicht einfach, zu entscheiden, ob ich Abschied nehmen oder in der Beziehung bleiben soll, ob ich den andern mit seinen Schwierigkeiten annehmen oder mich vor einer nicht mehr ertragbaren Abhängigkeit schützen soll. Meine Aufgabe ist es, mir über meine Gefühle klar zu werden, ihnen auf den Grund zu gehen. Ich kann versuchen, mit meinen Gefühlen zu sprechen: Ist mein Genervtsein nur Ausdruck meiner Empfindlichkeit oder meiner übertriebenen Erwartungen an den andern? Oder schadet mir dieser Mensch wirklich? Es kann sein, dass sich meine Gefühle wandeln. Es kann jetzt meine Aufgabe sein, die Beziehung aufrechtzuerhalten und dabei zugleich gut auf mich zu achten: also zu sehen, dass ich mir vom anderen nicht meine

Rolle diktieren lasse, dass ich immer auch ich selbst bleibe und mich nicht ständig aus meiner Mitte heraustreiben lasse. Wenn aber Wut oder gar Hass auch nach der achtsamen Beobachtung meiner Gefühle sehr stark bleiben, sollte ich diese Gefühle ernst nehmen und sie nicht überspringen. Wenn ich mich in der Konsequenz vom anderen verabschiede, bleibe ich nicht in meiner Wut stecken. Ich nehme Abschied und kann den anderen in aller Ruhe „lassen", wie er ist – ohne selber ein schlechtes Gewissen haben zu müssen. Ich wünsche ihm, dass er mit sich in Einklang kommt. Aber zugleich spüre ich, dass es mir und dem andern letztlich guttut, dass wir uns voneinander verabschiedet haben und ich mich, aus einer Abhängigkeit befreit, wieder anderen Menschen zuwenden kann.

In seinem Buch „Tante Jolesch" erzählt Friedrich Torberg von einem leichter zu „lösenden" Fall: Der Dichter Alfred Polgar wird im Kaffeehaus von einem aufdringlichen Bewunderer verfolgt. Ein „Stalker" würde man heute sagen, der sich wie eine Klette an ihn hängt, ihn mit Komplimenten überschüttet, aber dabei nur nervt und noch beim Abschied weiter begleiten will – indem er fragt: „In welche Richtung gehen Sie, Herr Polgar?" Die Antwort: „In die entgegengesetzte!" Manchmal helfen eben nur deutliche Reaktionen: In diesem Fall eine nicht sehr höfliche Trennung. Aber eine klare, befreiende Ansage.

Mitten im Leben –
schmerzliche Verluste
verkraften

Abschied von Macht, Loslassen von Rollen, Verschmerzen von Zugehörigkeit: Im Aufhören zu neuer Lebendigkeit kommen

Warum Adenauer nicht leichten Herzens ging

„Über das Gehen, das Beenden und das Loslassen" – so der Titel der Abschiedsvorlesung, die der Hochschullehrer und Zeitforscher Karlheinz Geißler zu seiner Pensionierung hielt. Er hat viel über die Themen Anfangen und Aufhören nachgedacht und auch darüber, welche ganz alltäglichen Zusammenhänge davon berührt sind. So banale Dinge wie Sitzungen etwa. Ich selber ärgere mich immer, wenn jemand eine Sitzung leitet und dabei keinen klaren Anfang und kein klares Ende setzt. Notwendig ist der klare Beginn, damit alle sich auf das einlassen und konzentrieren können, was besprochen werden soll. Wichtig ist aber auch ein klares Ende: Sitzungen, die nie aufhören, weil man immer noch neue Probleme sieht und besprechen will, nerven. Sowohl das Anfangen als auch das Beenden verlangen immer ein Loslassen.

Geißler hat aber auch ganz allgemein über Zeitverläufe in unserer Art zu leben nachgedacht. In seiner Abschiedsvorlesung wies er auch darauf hin, wie wenige Vorbilder in der Kunst des Aufhörens es in der Politik gibt: Kaiser Karl V., der sich 1556 dazu entschied, abzudanken und sich in ein Kloster, in ein Leben der Meditation zurückzuziehen, habe wenige Nachfolger gefunden.

Wie schwer Abschiede sind, merkt man nicht nur bei Mächtigen und Einflussreichen, aber da ganz besonders.

„Ich gehe nicht leichten Herzens", das hatte der immerhin 87-jährige Konrad Adenauer zu einem Journalisten gesagt, als seine Umgebung einen Nachfolger im Amt durchgesetzt hatte. Abdankungen sind meist mit Niederlagen oder mit der Erosion von Macht verbunden. Das tut weh.

Leben braucht einen klaren Beginn. Genauso wichtig ist aber auch ein klares Ende. Sowohl das Anfangen als auch das Beenden verlangen immer ein Loslassen. Einen bewussten neuen Anfang kann nur setzen, wer auch bereit ist, sich von dem bisher Gelebten zu verabschieden.

Dabei meint das deutsche Wort „abdanken" ja ursprünglich etwas Positives: jemanden mit Dank verabschieden, ihn würdigen. Normalerweise geschieht dieses Abdanken bei der Pensionierung. Es ist wichtig, dass im Abschied noch einmal die Beziehung bewusst wird, und zwar in bewussten Abschiedsritualen. In der Coronazeit konnten Menschen nicht öffentlich „verabschiedet" werden, weil die Distanzregeln ein gemeinschaftliches Zusammenkommen nicht zuließen. Gerade für Menschen, die in Rollen waren, wo die Beziehungen wichtig sind, ist das sehr schwer gewesen. Sie waren dann einfach „weg". Hier zeigte sich auch, wie entscheidend es ist, den Dank auch öffentlich auszudrücken, und wie wichtig Rituale sind, die diesen Übergang gestalten.

Plötzlich „von der Rolle": Fragen, Verunsicherungen: Wer bin ich?

Es gilt nicht nur für Politiker: Die Beendigung der beruflichen Funktionen ist für viele ein radikaler Einschnitt. Wer sich nur vom Beruf her definiert hat, fühlt sich auf einmal als Nichts. Manche verlieren nicht nur den Rhythmus, sondern auch den Sinn in ihrem Leben. Sie stehen in Gefahr, sich selbst zu verlieren, wenn dieses Gerüst wegfällt.

Auch wenn man es zunächst positiv anging – auf einmal tauchen Fragen und Verunsicherungen auf: Eine Frau um die 60, Bildungsreferentin in einer kirchlichen Einrichtung, hatte die ständigen Einsparungen satt, die Umstrukturierungen, verbunden mit massiver Personalknappheit. Sie nutzte eine Vorruhestandsregelung – und merkte: „Die Frage war plötzlich auch: Was passiert mit mir, wenn ich gehe? Ein Amt gibt einem ja auch etwas, man wird von seiner Umgebung in einer Funktion wahrgenommen. Wie wird das künftig sein? Was kann ich, wer bin *ich selber* eigentlich?"

Das ist für viele die Frage: Wie wird es weitergehen, wenn ich gehen muss? Plötzlich hört etwas auf, was einen bislang getragen hat. Die alten Rollen tragen nicht mehr. Rollenwechsel gilt sogar als Ursache möglicher Depression. Nicht nur Adenauer, auch andere Mächtige sind nicht freiwillig und leicht von der Macht geschieden – auch wenn sie vorher noch so oft betont haben, dass sie unter der Bürde des Amts auch leiden würden und dass in der Demokratie Macht sowieso nur auf Zeit verliehen wird. Es ist nicht einfach, sich einzugestehen, dass man tatsächlich „verzichtbar" ist.

Ausübung von Macht kann eine Sucht werden und Machtverlust zur Ego-Beschädigung führen. Das gilt nicht nur in der Politik, sondern auch für Machtpositionen in der Wirtschaft, in der Kirche, in Bildungseinrichtungen oder anderen Institutionen. Die öffentliche Aufmerksamkeit und Gestaltungs- und Einflussmöglichkeiten oder das Wahrnehmen anderer Vorteile wirken wie eine Droge und haben innere Abhängigkeit zur Folge. Die Entziehung eines solchen auch das Ego aufputschenden Wirkstoffs ist meist hart und schmerzhaft. Der Abschied von der Macht fällt uns so schwer, weil wir auf einmal keine offizielle Bedeutung mehr haben, nichts mehr nach außen bewegen können, heruntersteigen müssen vom „hohen Thron".

Eine Rolle gibt uns eine gewisse Sicherheit. Aber wir sollten schon, während wir bestimmte Rollen zu spielen haben, eine innere Distanz dazu aufbauen und uns immer auch dem eigenen Innern zuwenden. Denn wenn wir uns zu sehr an die Macht gewöhnt haben, erleben wir das eigene Innere oft als Leere, der wir gerne ausweichen möchten. Das gelingt in der Situation des Abschieds oft nicht mehr. Um die Phantomschmerzen des Verlusts zu bewältigen, versuchen viele auf anderen Ebenen weiter mitzumischen. Manche weichen der inneren Leere aus, indem sie andere beschimpfen, die ihnen die Macht genommen haben, oder aber indem sie sich innerlich verhärten oder depressiv werden. Und es gibt ja nicht nur die, die partout alles anders machen wollen als ihre Vorgänger – und alles am liebsten vergessen machen möchten, was sie getan haben. Es gibt auch die, die scheeläugig, voll Misstrauen und Neid auf das schauen, was ihre Nachfolger anders machen. Dabei könnte es guttun, beim Aufhören dankbar zu erkennen, dass man selber einmal auf den Schultern anderer stand, als man „anfing".

Loslassen und Haltverlust: Wieso ist Abdanken so schwer?

„Abdanken" meint im Schweizerischen heute noch: Trauerfeier, Begräbnis. Es markiert also das Ende eines Lebens. Historisch meinte „abdanken": auf den Thron verzichten. Von Abdankung sprechen wir, wenn jemand ein Amt niederlegt, seinen Rücktritt erklärt oder aus dem Dienst ausscheidet. Jenseits der hohen Politik spricht man heute von ähnlichen Erfahrungen meist im Zusammenhang des Ausscheidens aus dem Beruf und dem Eintritt in den Ruhestand. Wer seine Rolle in der Firma loslassen muss, lässt Privilegien los, die er als Chef hatte. Jetzt ist er ein einfacher Mann. Er spürt plötzlich, dass manches, was er vorher genossen hat, nicht ihm als Person, sondern seiner Funktion galt. Er muss einsehen: „Meine Macht hört auf, mein Leben geht weiter."

Abschied und Neuanfang gehören zusammen – auch das eine spannende und spannungsreiche Konstellation. Es sind gemischte Gefühle, über die Menschen berichten, die vor der Pensionierung stehen.

Da empfindet der eine Kränkung, dass er nicht mehr „dabei" ist. Und der andere kann es gar nicht erwarten, bis er endlich weg darf. Beim einen herrscht pure Freude, die anhält und sich steigert. Und beim anderen großer Kummer. Und da gibt es natürlich auch Verlustangst: Eine Lehrerin, die ihren Beruf über alles liebte. Die Kinder sind aus dem Haus, sie hat noch eineinhalb Jahre: „Ich spüre den Wert meiner Arbeit immer mehr." Was absehbar knapp wird, wird kostbar. Und später erzählt sie von ihrem Abschied von den Kindern ihrer letzten Klasse. Ein Mädchen

Man verliert einiges, wenn man in seinem Beruf aufhört. Aber man gewinnt auch viel: Alte Zwänge fallen weg. Ich kann meine inneren Sklaven loslassen. Ich habe mehr Zeit, andere Spielräume, neue Freiheit, überraschende Möglichkeiten, einen anderen Blick auf Wesentliches.

hatte sie gefragt: „Was machst du denn dann, wenn du keine Ferien mehr hast?" „Gute Frage", sagte sie. Immer noch ohne rechte Antwort. Ein ehemaliger Kollege habe ihr gesagt: „Ich kann die Sommerferien gar nicht mehr genießen, seit ich pensioniert bin."

Schwer fällt manchen bei der Pensionierung nicht nur der Verlust eines strukturierten Arbeitstags und der Kontakt zu Kollegen, sondern die Einsicht, dass ihre Erfahrung nicht mehr zählt, ja dass man sie vergisst und damit auch das, was sie geleistet haben. Ein 68-Jähriger erzählt: „Ich bin mit meiner Pensionierung vor zwei Jahren in ein schwarzes Loch gefallen. Meine Frau meinte nur: Verlassenheitsdepression! Wieso eigentlich? Ich war einem Unternehmen zugehörig, über 35 Jahre! Ich habe in dieses Unternehmen viel Herzblut, Leidenschaft, Wissen investiert. Kann ich nicht genauso sagen: Das gehört auch zu mir, zu meiner Geschichte, zu meiner Identität? Das ist doch normal! Ich verlasse jetzt meinen Job. Und fühle mich dabei verlassen, verraten, verkauft. Das tut weh. Ist das nur ein Zeichen des Nichtloslassenkönnens?"

Wenn der Druck aufhört: eine neue Leichtigkeit des Seins

Freilich: Nicht jeder wird depressiv, wenn er in Rente geht, im Gegenteil: Manche freuen sich darauf, nun mehr Zeit zu haben. Ein Mann etwa ist seit drei Jahren im vorgezogenen Ruhestand. Und nach drei Jahren noch sagt er: „Ich stehe jeden Tag auf und habe das Gefühl, es ist Sonntag." Ein herrliches Gefühl.

Man verliert einiges. Aber man gewinnt auch viel: Alte Zwänge fallen weg, ich kann meine inneren Sklaven loslassen. Ich habe mehr Zeit, andere Spielräume, neue Freiheit, überraschende Möglichkeiten, einen anderen Blick auf Wesentliches.

Ein seit einigen Jahren in Rente Lebender erzählt: „Eigentlich wollte ich unbedingt noch ein, zwei Jahre im Job bleiben. Den Stress habe ich genossen. Dann musste ich aber gehen, ich war meinem Arbeitgeber offensichtlich zu teuer geworden. Heute sage ich: Es war eine Erlösung. Ich habe jetzt so wenig Kopfschmerzen wie noch nie. Früher habe ich mehr geschlafen. Heute weiß ich: aus Erschöpfung. Klar spüre ich inzwischen das Alter. Die Enkel sind nicht mehr so leicht hochzuheben, sobald sie über 20 Kilo haben. Aber wenn mich jetzt einer fragt, was ich den ganzen Tag tue, sage ich ihm: *leben!* Ich bin in meinem Leben gut angekommen."

Dankbar für neue Chancen – einfach sein, mitten im Leben Karriere und Ämter, Entscheidungskompetenz, Einfluss und Gestaltungsmöglichkeit, Macht – das kann nicht letztes Ziel des Lebens sein. Auch nach dem Abgeben eines Amtes oder einer bestimmten Position gibt es wichtige Herausforderungen und Möglichkeiten. Spätestens jetzt steht die Frage an: Was will ich noch – und gerade jetzt – von meinem Leben? Warum lebe ich – und aus welchen Quellen? Was ist der tiefere Sinn meines Daseins?

Das Gesetz des Anfangens und Beendens gilt überall in unserem Leben, für das, was wir tun, aber auch für unsere Beziehungen. Auch da gibt es Beziehungen, die nie richtig anfangen. Anfangen und Beenden gelingen nur, wenn wir loslassen, wenn wir uns verabschieden von der Unverbindlichkeit.

Einen solch bewussten Anfang kann nur setzen, wer bereit ist, sich von dem bisher Gelebten zu verabschieden. Gerade dann haben wir aber auch neue Chancen. Gerade jetzt können wir etwa Brücken zu bauen zwischen den Menschen, zwischen den Generationen, zwischen verschiedenen Lebenswelten, zwischen den Kulturen. Wir sollten also nicht einfach nichts tun, sondern uns überlegen, was wir gerade jetzt dazu beitragen können, dass die Welt um uns herum menschlicher, milder und barmherziger wird. Die Dankbarkeit für das, was wir bisher geleistet haben, kann dabei ruhig bewusst gespürt und gelebt werden. Diese Dankbarkeit macht uns zu zufriedenen Menschen, die auch jetzt ein Segen sein dürfen für die Menschen. Und die dabei auch ihr Leben genießen können.

Und sicher ist jetzt auch die Chance: einfach zu sein. Karlheinz Geißler deutete diese Möglichkeit an, als er in seiner Abschiedsvorlesung eine Verbindung herstellte zwischen dem abgedankten Kaiser Karl V. und dem portugiesischen Dichter Fernando Pessoa. Pessoa schreibt über Abdankung in einem übertragenen Sinn: in einer Ode auf das einfache Leben – mitten im Leben:

„Laß fallen die gepflückten,
kaum noch beschauten Blumen.

Genieß die Sonne. Danke ab.
Sei dein eigener König."

(Alberto Caeiro. Dichtungen 1986, S. 217)

Weg damit?
Abschied von Dingen und von Besitz kann man einüben

„Wie gerne wäre ich so wie Diogenes ...“

Dass Dinge eine Bedeutung oder einen Wert haben können, merkt man, wenn wir etwas verlieren und nicht mehr finden. Natürlich auch, wenn die Waschmaschine plötzlich ihren Geist aufgibt oder die Spülmaschine defekt ist. Aber bei vielem muss man sich doch fragen: Brauche ich das wirklich? Und auch: Muss ich denn immer das neueste Produkt, die aktuellste Marke haben? Ein heutiger Europäer, so liest man, besitzt im Durchschnitt über 10 000 Dinge. Eine umweltbewusste Designerin machte einmal einen Selbstversuch. Sie wollte herausbringen, wie viele Dinge sie wirklich benutzte und brauchte. Das erstaunliche Ergebnis: nur 15,4 Prozent der Dinge, die sie besaß, empfand sie als lebensnotwendig, und von diesen wiederum benutzte sie nur 72 Prozent wirklich häufig. Und trotzdem ...

> Dass Dinge eine Bedeutung oder einen Wert haben können, merkt man, wenn wir etwas verlieren und nicht mehr finden. Oder wenn wir bestohlen werden. Aber bei vielem muss man sich doch fragen: Und wir erkennen, dass die Dinge oft nur eine Ersatzfunktion haben.

„Wie gerne wäre ich so wie Diogenes. Fröhlich unter der Sonne, ohne alles. Leichter leben, wie schön wäre das.“ Das sagt eine beruflich erfolgreiche Frau, die jetzt in Rente ist – und bekennt: „Ein wirklich großes Problem für mich ist es, Dinge wegzugeben oder loszuwerden, die meinen Eltern gehört haben. Im Sommer nutze ich das Haus in dem Dorf, in dem meine Eltern, die Bauern waren, gearbeitet und gelebt haben, als Ferienaufenthalt. Diese Wohnung sieht aus wie ein Museum. Lauter alte Dinge, dazu ziemlich unbequem. Aber ich bringe es nicht übers Herz, diese Möbel meiner Eltern in den Sperrmüll zu geben, Bett, Tische, Stühle, etc. etc. Sie taugen ja nicht einmal als Spende an eine soziale Institution. Aber für mich hängen darin Erinnerungen, meine Zuneigung. Ich kann es einfach nicht. Es ist ein Gefühl, als würde ich die damit verbundenen Menschen beleidigen, indem ich diese Dinge weggebe. Und jeden Sommer, wenn ich Zeit dort in diesem Haus verbringe, sagen mir die anderen: Wirf das alte Zeug doch endlich weg! Ich kann nicht. Immer noch nicht. Meine Kinder werden das alles einmal in den Sperrmüll geben. Aber dann werde ich nicht mehr da sein. Und sie werden nicht leiden, was ich erleiden würde, wenn ich es jetzt tun würde ..."

Was auch an Dingen hängt:
Erinnerungen und Emotionen

Der Tod zeigt, wie unwichtig letztlich alle Dinge sind, die wir besitzen. Aber der Tod von Menschen hat auch zur Folge, dass Dinge, die zu ihrem Leben gehörten, übrig bleiben. Meist kaum übersehbar zahlreiche Dinge, unsortiert, teils notwendige und teils eher zufällig angehäufte.

Eine Frau erzählt: „Nach dem Tod meiner über 90-jährigen Mutter mussten wir, mein Bruder und ich, ihren Haushalt auflösen. Mein Bruder wollte nichts, keine Sentimentalitäten. Nur ein paar praktische Dinge, wie Brotschneidemaschine oder Tischsauger, Lampen und Handwerkszeug. Mir waren zum Beispiel die schlichten Gläser wichtig, aus denen wir oft gemeinsam getrunken hatten, auch Bilder nahm ich mit, die die Atmosphäre meines Elternhauses bestimmt hatten, zum Teil ganz einfache Drucke, auch gerahmte Fotos. Auch Erinnerungsalben, in denen die Eltern ihr Leben dokumentiert hatten, dazu Bücher, die ihnen wichtig geworden waren und die ich nachlesen wollte, um so noch einmal in ihr Leben einzutauchen. Es war damals, als die Haushaltsauflösung anstand, gerade die Zeit der Flutkatastrophe an der Ahr. Eine Mitarbeiterin der Kirchengemeinde hat dann für zerstörte Haushalte Geschirr und Haushaltsgeräte aus dem Nachlass geholt. Das war ein gutes Gefühl. Für den Rest kam ein professioneller Entrümpler. „Besenrein" war das Ende. Ich konnte dann allerdings nicht mehr in die entleerte Wohnung gehen. Mit den Dingen ist auch der Geist verschwunden."

Eltern vererben ihren Kindern oft Erinnerungsstücke, die sie selbst von ihren Eltern bekommen haben. So symbolisieren diese Erinnerungsstücke die Familiengeschichte, die Wurzeln, aus denen die Familie lebt. Doch es gibt auch viele andere Gegenstände, die man selber liebgewonnen hat: eine schöne Vase, einen alten Schrank, das Schmusetier der Kindheit. Ein schön gerahmtes Foto, das an einen lieben Menschen oder an einen glücklichen Augenblick erinnert. Irgendwann gilt es, Abschied zu nehmen. Irgendwann passt

Sich von bestimmten Dingen zu lösen ist zugleich auch immer Abschiednehmen von einer bestimmten Zeit in meiner Lebensgeschichte. Ich lasse die Dinge und ich lasse die Zeit los, in der mir diese Dinge wichtig waren. Freiraum gibt Freiheit. So werden wir uns nach einem solchen Abschied nicht nur im Haus, sondern auch in unserer Seele wohler fühlen.

es nicht mehr, den alten Teddybären noch weiter mit sich herumzuschleppen. Der Abschied von Gegenständen ist immer auch Abschied von den Erfahrungen, die man mit dem Gegenstand gemacht hat, oft auch Abschied von einer Zeit, in der dieser Gegenstand einmal wichtig war.

Von Autos, Büchern und anderen (un-)wichtigen Dingen

Natürlich gibt es notwendige Dinge. Ein Auto zum Beispiel. Nicht jeder kann darauf verzichten, weil wir auf Mobilität angewiesen sind und die öffentliche Verkehrsanbindung oft nicht funktioniert. Der Journalist Bernd Müllender hat es versucht, sich von einem eigenen Auto zu verabschieden. Und es ist ihm gelungen: „20 Jahre lang habe ich ein eigenes Auto nie mehr vermisst", sagt er. „Im Gegenteil: Ich möchte die Zeit ohne nicht mehr missen – selbstbestimmt, frei, ohne Staus, Parkplatzsuchqualen und freche Reparaturrechnungen, hektik-ärmer." Und doch ist er immer mobil geblieben, auch mit Kind. Man muss mehr

Wer nichts zu verlieren hat, wer nicht am Besitz – oder am Ego – hängt, verliert auch die Angst vor dem letzten Abschied.

planen, bekennt er und gibt zu: Mit öffentlichen Verkehrsmitteln dauert es oft länger. Aber lieber etwas früher losfahren und dann relax lesen, arbeiten, sinnen. Oder auf dem Rad die gesunde Bewegung genießen. Und natürlich kann man auch mal ein Auto leihen, von Freunden. Oder durch Carsharing. Ein Abschied, der – in diesem Fall zumindest – nicht immer leicht war, aber der Freiheit brachte.

Und wie ist es mit Büchern? Bücher sind vielleicht ein besonderer Fall. Eine Bekannte erzählt: „Ich bin nicht in der

Lage, ein Buch loszulassen, das ich verleihe. Ich verfolge es, bis es mir zurückgegeben wird; lieber kaufe ich das Buch noch einmal, um es wegzuschenken." Und viele, die gerne lesen, fragen sich in der Tat: Kann man sich von Büchern wirklich verabschieden? Sind sie nicht durch die Lektüre zu einem Teil von einem selber geworden? Wenn Menschen älter werden, müssen sie aber ihre Wohnung verkleinern, auch die Bücherregale nehmen zu viel Platz weg. Darf man Bücher wegwerfen? Wie kann man sich von Büchern verabschieden, mit denen man gelebt hat und von denen man gezehrt hat? Ganz einfach: Man kann sie verkaufen. Aber auch verschenken oder für den Weihnachtsbasar schenken oder in eine Bücherkiste stellen – zum Entdecken und Mitnehmen für andere. Auch das befreit.

Nicht nur Bücher, auch Briefe und schriftliche Unterlagen gehören zu den Dingen, von denen viele Menschen sich nicht trennen können. Es ist schön, wenn Menschen die Briefe aufheben, die ihnen die Eltern geschrieben haben, als sie im Studium oder im Ausland waren. Und die Liebesbriefe werden oft wie ein kostbares Erbe aufbewahrt. Denn sie erinnern an die Anfänge der Liebe. Es ist auch gut, immer wieder einmal in diesen Briefen zu lesen. Doch wenn wir im Laufe des Lebens unzählig viele Briefe bekommen haben, dann müssen wir uns von vielen verabschieden. Sonst quellen die Schubladen über und wir finden keinen Platz mehr.

Bei Lehrern erlebe ich oft die Schwierigkeit, sich von den alten Texten zu verabschieden, die sie für ihre Schulstunden erarbeitet haben. Sie meinen, irgendwann könnten sie diese Arbeitsblätter vielleicht doch noch einmal brauchen. Und so wird ihr Arbeitsschrank immer voller. Andere wiederum heben ihre ungelesenen Zeitungen auf, sie denken: Irgendwann einmal finde ich die Muße, sie zu lesen. Doch diese Zeit kommt normalerweise nie. Andere haben die Zeitung oder Zeitschrift gelesen. Und sie denken, das sei ein interessanter Artikel. Und so heben sie ihn auf. Doch wenn sich die Berge häufen, werden sie den Artikel nie wieder finden.

Auch da braucht es den Mut, sich zu verabschieden. Statt ängstlich auf das zu schauen, was ich vielleicht für meinen Beruf als Lehrer oder Journalist oder Techniker brauchen könnte, sollte man voll Vertrauen in die Zukunft gehen. Heute im Zeitalter des Internets braucht man sich vieles nicht mehr aufzuheben. Man kann es schneller im Internet finden. Und statt mir als Lehrer alte Schulstunden oder als Priester alte Predigten aufzubewahren, sollte ich dem Geist trauen, der jetzt in mir ist und der mir das eingibt, was für die Zuhörer jetzt angemessen und passend ist.

Zwischen „Ex und hopp"-Mentalität und Messie-Syndrom

Genauso, wie es krankhaft sein kann, immer das Neueste, Aktuellste haben zu wollen, genauso ungesund ist eine „Kultur" des „Ex und Hopp" des schnellen Wegwerfens. Es gibt aber auch das andere Verhalten, die andere Krankheit, nämlich sich nicht von Dingen trennen zu können, zwanghaft alles zu horten, ohne Unterscheidung des Wertlosen oder des Brauchbaren. „Messie-Syndrom" nennt man es, wenn jemand meint, man würde den alten Hammer, die alte Spülmaschine oder den Kocher irgendwann vielleicht doch wieder brauchen. Es ist letztlich die Angst, etwas nicht zu besitzen, was man vielleicht einmal brauchen könnte. Doch wenn man sich von nichts mehr verabschieden kann, wird das Haus oft so voll, dass man gar nicht mehr richtig darin wohnen kann. Da wird die eigene Arbeit erschwert, wenn z. B. die Spüle oder der Herd mit Zeitungen belegt wird und man gar nicht mehr zum Kochen kommt. Und man kann niemanden mehr zu sich einladen. So wird diese krankhafte Sammelwut dazu führen, sich immer mehr von Freunden verabschieden zu müssen. Denn sie kommen nicht mehr zu Besuch. Wer sich selbst nicht von Dingen verabschieden kann, von dem verabschieden sich die Menschen. Und das ist wesentlich schmerzlicher, als sich von oft wertlosen Dingen zu verabschieden. Die Krankheit des Messies besteht darin, dass man Schmerz empfindet, wenn man sich von Dingen trennen muss. Ohne Abschied zu nehmen von vielen Dingen ist aber ein sinnvolles Arbeiten und ein angenehmes, gemütliches Wohnen, ist ein gutes Leben nicht möglich.

Ein fröhlicher – und ein gelungener Abschied

Eine junge Frau, Sinologin, die zum Studium nach China ging, erzählt von ihrem Abschied und wie sie ein Fest daraus machte. Sie wollte den Container, der mit ihren Sachen nach Asien geschifft wurde, möglichst klein halten. Zu ihrer Abschiedsparty lud sie daher alle ihre Freunde ein und verteilte Lose – die jeweils den Gewinn einer ihrer Habseligkeiten bedeuteten: die geliebte Grünlilie im Topf war darunter, aber auch eine schöne chinesische Kalligraphie, ein durchgesessener Stuhl. Auch Bücher, von denen sie sich trennen wollte, eine Tee- und eine Kaffeekanne, ein Spiegel, Pullover, ein Schal … Bei aller Wehmut über den bevorstehenden Abschied – es wurde ein fröhliches Fest. Denn sie ging ja nicht nur. Sie ließ auch Dinge zurück, bei deren Anblick oder Gebrauch künftig viele immer an sie denken würden.

Eine andere Geschichte von einem schmerzlichen, aber gelungenen Abschied erzählt von einem, dessen Leidenschaft die Musik war, lebenslang. Er spielte meisterhaft Cembalo. Über Jahrzehnte versah der in seiner Gemeinde den Organistendienst, bereitete mit viel Akribie vor allem die festlichen Gottesdienste vor. Als Parkinson seine Hände schwer beherrschbar machte, gab er den Organistendienst auf. Es war ein letzter schöner Gottesdienst, der von befreundeten Solisten und vom Chor gestaltet wurde, und am Ende gab es einen wehmütigen, aber herzlichen Abschiedsempfang der Gemeinde.

Weil unsere Zeit begrenzt ist, lohnt es sich nicht, sich vom Besitz her zu definieren. Denn spätestens im Tod müssen wir alles lassen. „Das letzte Hemd hat keine Taschen", sagt der Volksmund. Wir müssen uns verabschieden von der Illusion, als ob wir den Besitz für ewig hätten.

Sein eigenes Lieblingsinstrument, das Cembalo, ließ er als Leihgabe in ein nahegelegenes Bildungshaus bringen, wo es als Übungsinstrument und für Konzerte zur Verfügung stehen sollte: ein unerwartetes und sehr nützliches Geschenk für dieses Haus. Und an die Stelle der Wohnung, wo das Instrument stand, steht jetzt ein schönes Kunstwerk, an dem er sich erfreut. Auf die Frage, ob er dem Instrument nachtraure, war die Antwort ein klares „Nein!". Er freue sich darauf, dass „sein Instrument" demnächst am neuen Ort mit einem besonderen Konzert „eingeweiht" werde.

„Nimm deinen Schatten von mir"

Abschiednehmen fällt sicher nicht leicht. Aber man kann
es zeitlebens an kleinen Dingen einüben – damit es möglicherweise leichter fällt, wenn es wirklich ernst wird. Das
Einüben könnte so geschehen, dass wir von Zeit zu Zeit einfach einmal die Dinge anschauen, die wir in unserem Zimmer oder in unserer Wohnung, im Keller oder in der Garage
gesammelt haben, und uns dann fragen: Was bedeutet mir
dieses Ding? Ist es mir noch wichtig? Brauche ich es wirklich noch? Oder sollte ich mich davon lösen? Was habe ich
im letzten Jahr überhaupt nicht in die Hand genommen?
Würde ich mich wohler fühlen, wenn ich es aus dem Haus
schaffe? Sich von bestimmten Dingen zu lösen ist zugleich
auch immer Abschiednehmen von
einer bestimmten Zeit in meiner Lebensgeschichte. Ich lasse die Dinge
und ich lasse die Zeit los, in der mir
diese Dinge wichtig waren. So übe
ich mich von Zeit zu Zeit ein in das
Loslassen und Abschiednehmen. Und
wir können wieder atmen in unserer
Wohnung. Freiraum gibt Freiheit. So

*Nur wer sich mit der
Begrenzung aussöhnt,
kann in aller Freiheit
darüber nachdenken,
was er wirklich zum
Leben braucht. Das ist
eine Voraussetzung,
sich frei zu fühlen.*

werden wir uns nach einem solchen Abschied nicht nur im
Haus, sondern auch in unserer Seele wohler fühlen. Wenn
es uns immer wieder gelingt, uns von Unnötigem zu trennen, dann ist das wie ein gutes Training – eine Übung, die
uns auch auf lange Frist stärker macht und die uns befähigt,
uns ganz auf den jetzigen Augenblick einzulassen und auf
die Herausforderungen, die dieser Augenblick an uns stellt.
Wir lösen uns dann nicht nur von unserer Anhänglichkeit
an Dinge. Wir fühlen uns dann leichter, auch innerlich freier

und weiter. Auch ein Zuviel an Dingen kann ein Leben „überschatten".

Die bekannte Anekdote, die vom antiken Philosophen Diogenes erzählt wird, ist ein schönes Bild für dieses Gefühl. Der soll dem mächtigen Alexander dem Großen, der ihm jeden Wunsch erfüllen wollte, entgegnet haben, er habe nur einen: dass Alexander ihm aus der Sonne gehe. Eigentlich soll sein Wortlaut gewesen sein: „Nimm deinen Schatten von mir!"

Was bleibt am Ende? Eine verbürgte Geschichte, die ein Theologe erzählt von seinen beiden älteren Schwestern, 91 die eine und über 88 die andere, beide in einem traditionell religiösen Milieu aufgewachsen, die jüngere sogar Nonne: Als sie sich am Telefon über die Endlichkeit allen Daseins und auch über die bevorstehende Möglichkeit des eigenen Sterbens unterhalten, sagt die ältere, gelassen und ergeben in ihr Schicksal: „Ich bin bereit! Der Koffer ist schon gepackt!" Darauf die andere: „So? Und – was willst du denn in dem Koffer mitnehmen?"

Wenn alte ideelle Orientierungen nicht mehr tragen

Abschied von Lebensträumen und Zielen – Offenheit für Neues

Wir alle haben Träume – viele unserer Idealbilder müssen wir begraben

Jeder träumt als Kind oder als Jugendlicher von der Zukunft, davon, was er einmal werden und was er in seinem Beruf erreichen möchte. Er hat Träume von einer Familie, die er aufbaut, Träume von einem eigenen Haus, das Platz hat für die Kinder und Enkelkinder, Träume vom Einfluss, den man in der Gesellschaft haben möchte, Träume von einer heilen Welt. Und wir haben Erwartungen an uns: die Erwartung, dass wir immer erfolgreich sind, dass wir immer glücklich sind, dass wir das, was wir möchten, auch verwirklichen können. Wir träumen davon, dass es uns gelingt, auch andere von unseren Einsichten zu überzeugen, unser Wissen anzuwenden und unsere Ideen erfolgreich durchzusetzen.

....

Wenn wir den Abschied von unerreichten Zielen nicht bewusst vollziehen, werden wir resigniert und unzufrieden. Oder wir leben einfach so weiter. Aber alles wird nur Routine. Weil wir keinen Abschied nehmen, eröffnet sich für uns kein neuer Raum des Lebens.

....

Doch wenn wir älter werden, müssen wir viele dieser Lebensträume und viele dieser Erwartungen begraben. Wir sind in dem Alter, in dem wir keine Familie mehr planen können. Wir haben keinen Partner gefunden, der zu uns passen würde. Oder die Partnerin, die wir uns vorgestellt haben, hat einen anderen Mann geheiratet. Im Beruf sind wir an unsere Grenzen gestoßen. Es hat sich nicht so gut entwickelt, wie wir das uns vorgestellt haben. Und finanziell haben wir nicht den gewünschten Erfolg erzielt. Den Posten, der uns vorschwebte, hat ein anderer erhalten. Und wir spüren, dass wir in der Gesellschaft keinen größeren Einfluss haben. Selbst wenn wir oft in der Öffentlichkeit auftreten, erkennen wir, dass wir doch wenig bewirken können. Viele Ziele, die wir uns gestellt haben, haben wir nicht erreicht. Von all dem gilt es Abschied zu nehmen. Wenn wir den Abschied nicht bewusst vollziehen, dann werden wir resigniert und unzufrieden. Oder wir leben einfach so weiter. Aber alles wird nur Routine. Weil wir keinen Abschied nehmen, eröffnet sich für uns kein neuer Raum des Lebens.

Nicht Resignation, sondern höhere Freiheit

In der Jugend haben wir Ideale: Wir wollen gute Menschen werden, wir wollen Werte verwirklichen. Doch dann erleben wir, dass wir nicht so ideal sind, wie wir gerne sein wollten, dass wir die Werte doch nicht so verwirklichen, wie es unser Traum war. Hermann Hesse hat diese Erfahrung einmal so beschrieben: Irgendwann kommen wir zu der „Einsicht, dass es ein Verwirklichen der Tugend, ein völliges Gehorchen, ein sattsames Dienen nicht gibt, dass Gerechtigkeit unerreichbar, dass Gutsein unerfüllbar ist." Diese schmerzliche Erfahrung

„führt nun entweder zum Untergang oder aber zu einem dritten Reich des Geistes, zum Erleben eines Zustandes jenseits von Moral und Gesetz, ein Vordringen zu Gnade und Erlöstsein". (Hesse 327)

Der Abschied von unseren Idealbildern darf nicht zur Resignation, sondern soll in eine höhere Freiheit führen. Hermann Hesse nennt diese innere Freiheit „Glauben". Das kann zu einer größeren Weite, zu einem Glauben führen, der uns trägt, selbst wenn wir unsere eigenen Ideale nicht verwirklichen konnten.

Im Laufe unseres Lebens müssen wir uns verabschieden von dem Idealbild, das wir uns von uns selbst gemacht haben. Der Abschied darf aber nicht zur Resignation, sondern soll in eine höhere Freiheit führen. Hermann Hesse nennt diese innere Freiheit „Glauben". Im Glauben erfahren wir, dass wir bedingungslos angenommen sind. Das Abschiednehmen von unseren eigenen Idealbildern führt also zu einer neuen Freiheit und Weite, zu einem Glauben, der uns trägt, selbst wenn wir unsere eigenen Ideale nicht verwirklichen konnten.

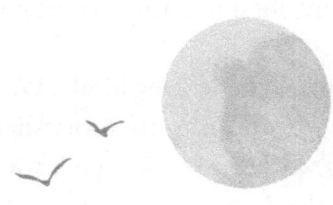

Sich nicht nur an Vorbildern orientieren, sondern selber authentisch werden

Vorbilder machen lebendig – Kopien nicht

In unserem Leben brauchen wir Vorbilder – schon kleine Kinder orientieren sich wie selbstverständlich an ihren Eltern, und von frühester Kindheit an eifern wir Erwachsenen nach. Junge Menschen suchen andere Menschen, die ihnen zeigen, worauf es wirklich ankommt und an deren Leben sie sich orientieren können. Bestimmte Werte werden für uns in gelebten Haltungen anderer konkret, und das Einüben von eigenen Werten wird im Blick auf ein solches Vorbild gestärkt.

Es hat also auch in einer Gesellschaft durchaus Sinn, wenn bestimmte Menschen herausgehoben, also in dem sichtbar gemacht werden, was auch für andere wichtig und vorbildlich ist. In der Kirche gibt es die Heiligen als Vorbilder. In der Gesellschaft heben Auszeichnungen besondere Vorbilder hervor – zumindest ist das ein möglicher Sinn. Ehrentitel wie „Gerechter unter den Völkern" oder Auszeichnungen wie der Friedensnobelpreis halten immer wieder die Erinnerung daran wach, dass es wichtig ist, sich an gelungenen Beispielen zu orientieren. Namen wie Sophie Scholl oder Nelson Mandela, die eine hingerichtet, der andere lange im Gefängnis, machen deutlich, dass es nicht immer selbstverständlich war, diese Menschen und die Haltung, für die sie stehen, hochzuschätzen.

Vorbilder sind keine Idole, die man – im Absehen von der eigenen Realität – anhimmelt oder die man in Äußerlichkeiten nachahmt. Manche sprechen daher statt von Vorbildern lieber von Modellen. Modelle zeigen an, wie mein Leben idealerweise gelingen kann. Wichtig werden sie als Inspirationen, die uns weiterbringen.

Was uns weiterbringen kann

Solche modellhaften Vorbilder haben die Funktion, uns mit den eigenen Möglichkeiten in Berührung zu bringen und uns dadurch helfen zu wachsen und zu entdecken, was in uns selber steckt. Was in mir steckt, kann ich zum Beispiel entdecken, wenn ich die Biographie anderer Menschen lese oder wenn ich die Menschen um mich herum beobachte: Das können die Eltern und Großeltern, Lehrer und Lehrerinnen, Seelsorger und Seelsorgerinnen, auch ältere Jugendliche sein, aber auch alle, die durch ihr Leben zeigen, wozu der Mensch im positiven Sinn fähig ist.

Im Blick auf einen anderen Menschen, der uns innerlich berührt und anspricht, öffnen sich uns die Augen, lösen wir uns von reiner Ichbezogenheit. Indem wir auf sie, aber zugleich auf uns selbst schauen, passiert Begegnung. Begegnung geschieht nur zwischen zwei unabhängigen Personen. Wer kein Selbstwertgefühl hat, ist in Gefahr, vom Vorbild erdrückt zu werden. Und bei dem Versuch, es zu kopieren, wird er sich immer minderwertig fühlen, weil er doch stets hinter dem Vorbild zurückbleibt.

Warum wir uns lösen sollen – und in welche Richtung wir weitergehen müssen

Es gibt viele Jugendliche, die sich mit ihrem Idol identifizieren und dabei ihre eigene Identität überspringen. Solange sie nur ihre Idole verehren, leben sie nicht selbst. Es ist ein Zeichen von Reife, wenn sie sich von dieser Faszination und Projektion lösen und ihre eigenen Sehnsüchte leben. Je älter wir werden, desto mehr werden wir möglicherweise erkennen, dass Menschen, die wir eine Zeit lang bewundert und verehrt haben, nicht durchweg positiv sind, dass sie ihre Schattenseiten haben, und dass es uns selber nicht guttäte, sie zu kopieren.

Ich sollte das Vorbild immer auch als Spiegel für mich sehen, damit ich mich selbst – mit meinen Möglichkeiten – wie im Spiegel

> *„Verschwende keine Zeit damit, über großartige Persönlichkeiten zu reden und darüber nachzudenken, wie sie sein sollten. Werde selber eine."*
> (Marc Aurel)

erkenne. Wer sich von einem anderen Menschen abhängig macht, der verdrängt oft seine Angst, unbedeutend zu sein. Wer einen großen Menschen braucht, um in seinem Schatten an den eigenen Wert zu glauben, wird dadurch nicht wirklich selbst stark.

Häufig höre ich auch die Klage, wir hätten heute zu wenig Vorbilder. Als Eltern sollten wir doch Vorbilder für unsere Kinder sein, als Lehrer für unsere Schüler, als Priester für die Gemeinde, als Chef für die Firma. Aber wenn ich mir ausdrücklich und bewusst vornehmen wollte, Vorbild zu sein, würde ich mich nur im Blick auf andere definieren. Wirklich Vorbild kann ich aber nur sein, wenn ich ganz ich selber bin. Es ist meine Aufgabe, authentisch meinen Weg zu gehen und dabei nicht stehen zu bleiben. Wenn ich anderen aber vermitteln will: „Schaut her, was für ein Vorbild ich bin", dann bleibe ich stehen – bin nicht mehr authentisch, also auch kein Vorbild mehr.

Authentisch zu leben, das verlangt Arbeit an uns selbst. Es fordert den Abschied von Bildern, die wir uns von uns selber machen. Es geht darum, immer mehr danach zu fragen, was Gott von mir möchte, welche Möglichkeiten er in mir sehen könnte, Möglichkeiten, die mir noch nicht aufgegangen sind. Das erkenne ich, wenn ich in der Stille in mich hineinspüre: Stimmt mein Leben? Bin ich in Übereinstimmung mit meinem innersten Kern? Fließt mein Leben? Bin ich ein Segen für andere?

Der Ruf nach Vorbildern ist also für mich eine Einladung, in Beziehung zu den Menschen zu leben. Ich darf mich nicht von anderen Menschen und ihrer Meinung über mich definieren. Aber ich kann den Kontakt mit ihnen suchen, mich mit ihnen austauschen, ihnen zuhören. Ich sollte sie nicht belehren, sondern so mit ihnen leben, dass sie erkennen, woraus und wofür ich lebe. Mein Leben soll eine Ermutigung für andere sein, den Reichtum ihrer eigenen Seele zu entdecken und so zu werden, wie sie vor Gott sind: einmalig und einzigartig.

„Du musst den Buddha töten": Wenn das Vorbild den Blick versperrt

Manchmal sprechen wir auch von einem spirituellen „Guru", ein Begriff, der seinen Ursprung in fernöstlichen Religionen hat (wörtlich meint der Begriff: „gewichtige Respektsperson"), wo der Lehrer eine besondere Rolle spielt und die Mitglieder der Gemeinschaft auf solche Führergestalten hingeordnet sind. In manchen Sekten werden diese „Gurus" noch wichtiger als Gott. Sie sind der Kritik entzogen. Es geht von ihnen auch kein Impuls zu einer lebendigen Entwicklung mehr aus. In einem Sufiausspruch heißt es auch: „Der Jünger ist in der Hand des Meisters wie die Leiche in der Hand des Leichenwäschers." (vgl. Sektenlexikon 411) Der amerikanische Psychoanalytiker und Therapeut Irvin David Yalom meint, manche Menschen würden ihre Todesangst dadurch zu überwinden suchen, dass sie sich an einen Guru hängen. Ein solcher „Guru" kann in einer therapeutischen oder spirituellen Beziehung eine Rolle spielen, er kann Mann oder Frau sein. Doch wenn das Vorbild uns den Blick für die eigene Wahrheit, auch für die

Es geht darum, immer mehr danach zu fragen, was Gott von mir möchte, welche Möglichkeiten er in mir sehen könnte, die mir noch nicht aufgegangen sind. Das erkenne ich, wenn ich in der Stille in mich hineinspüre: Stimmt mein Leben?

eigene Sterblichkeit und Begrenztheit verdunkelt, dann hat es eher eine destruktive Auswirkung. Dann muss ich mich von dem Vorbild lösen, um mich meiner eigenen Wahrheit und Begrenztheit zu stellen und in Freiheit meinen eigenen Weg zu gehen.

Im Buddhismus heißt es: „Du musst den Buddha töten!" Das heißt: Man soll auch den Buddha nicht kopieren. In der christlichen Tradition feiern wir Christi Himmelfahrt. Das wurde in der geistlichen Tradition auch immer so gedeutet, dass wir Jesus nicht einfach nur nachlaufen und ihn nicht bloß kopieren sollen. Wir sollen ihn loslassen. Er ist nicht mehr unter uns als der Meister. Doch er ist in uns als unser innerer Meister. Daher gilt es, dem inneren Meister, dem reinen Selbst zu folgen.

Verabschiedung von Idealbildern –
Umgehen mit Schattenseiten

Es gibt heute aber auch die Tendenz, dass wir in jedem bekannten und anerkannten Menschen die Schattenseiten entdecken. Damit können wir ihn entwerten. Nicht selten dient das der eigenen Selbstrechtfertigung. Doch es geht nicht darum, andere zu entwerten, sondern mit einem weiten Herzen zu sehen, dass sie auch ihre Schwächen haben. Wir sollten uns davon verabschieden, sie als Norm für das eigene Leben zu nehmen. Aber umso mehr sollten wir sie als Herausforderung sehen, an uns zu arbeiten und so zu leben, dass es unserem wahren Wesen entspricht.

Das gehört auch zur Reife unseres Lebens, dass wir uns verabschieden von Idealbildern, die wir uns von anderen gemacht haben. Trotzdem können wir an vielen guten Erfahrungen und Einsichten festhalten, die uns andere Menschen aufgezeigt haben.

Als ich angefangen habe, die Schriften von C. G. Jung zu studieren, war ich begeistert und habe viele gute Einsichten daraus gezogen, vor allem was die Verbindung von Theologie und Psychologie betrifft. Als ich dann aber eine kritische Biographie über Jung gelesen habe, war ich zuerst einmal desillusioniert. Ich musste Abschied nehmen von dem Jung, der durch seine psychologischen Einsichten ein weiser und überzeugender Mensch ist. Aber für mich war es dann ein wichtiger Prozess, mich trotzdem von vielen Einsichten Jungs befruchten und inspirieren zu lassen, ohne ihn als Person in den Himmel zu heben und ohne ihn zu verteufeln.

Es gehört zur Reife unseres Lebens, dass wir uns verabschieden von Idealbildern, die wir uns von anderen gemacht haben, dass wir aber dabei nicht das Kind mit dem Bade ausschütten, sondern trotzdem an vielen guten Erfahrungen und Einsichten festhalten, die uns andere Menschen aufgezeigt haben.

Von Marc Aurel gibt es den Satz: „Verschwende keine Zeit damit, über großartige Persönlichkeiten zu reden und darüber nachzudenken, wie sie sein sollten. Werde selber eine." Aber auch wenn wir uns von überhöhten Idealbildern und den Projektionen auf andere verabschieden und unseren eigenen Weg als Persönlichkeit gehen, können wir barmherzig mit anderen umgehen und gerade dadurch auch lernen, mit uns selbst barmherziger zu sein.

Abschied von alten Gottesbildern – unterwegs zum Geheimnis unseres Lebens

Nicht Gott ist tot, sondern unsere Vorstellungen von ihm

Nicht erst seit der Philosoph Friedrich Nietzsche den Tod Gottes proklamiert hat, ringen viele Theologen um ein angemessenes Sprechen von Gott. Nietzsche hat zugespitzt ins Wort gebracht, was viele Menschen in seiner und auch in unserer Zeit wahrnehmen: Gott scheint tot zu sein. Zumindest leben viele Menschen heute so, als ob er nicht mehr existent: also tot wäre. Doch die Aussage Nietzsches bedeutet nicht: Gott ist tot. Sondern: Unsere Vorstellungen von Gott sind es. Wir müssen Abschied nehmen von Vorstellungen, die genau wissen wollen, wie oder wer Gott ist. Gegenüber dem jüdischen Philosophen Martin Buber, der das Wort „Gott" als das „beladendste aller Menschenworte" bezeichnet, verteidigt der Psychotherapeut Peter Schellenbaum das Wort „Gott". Er meint, das Wort „Gott" sei ein „Wirkwort", das etwas in uns bewirkt. Es geht für Schellenbaum nicht darum, an Gott zu glauben wie an einen Gegenstand, sondern seiner innezuwerden. Und das bedeutet immer auch, seiner selbst innezuwerden.

Bilder sind immer nur Fenster

Wir brauchen uns also nicht vom Wort „Gott" zu verabschieden, sondern von den Bildern, die uns zu oft vorgaukeln, genau zu wissen und sagen zu können, wer Gott ist. Bilder sind immer nur Fenster, durch die wir hindurchschauen, aber sie sind keine Festlegungen. Der große Theologe Karl Rahner kritisiert, dass die Theologie lange Zeit Gott festgelegt habe, als ob sie genau wüsste, wer und wie Gott ist. Wir sind aber immer erst auf dem Weg zu Gott. Und auf diesem Weg machen wir, je nachdem, wo wir uns gerade befinden, verschiedene Erfahrungen von ihm. Auf dem Weg sein heißt auch, immer wieder aufzubrechen von vertrauten Bildern und Vorstellungen, Abschied zu nehmen auch von Gottesbildern, die für eine bestimmte Wegstrecke für uns stimmig waren. Sie bezogen sich auf eine Erfahrung, die an diese konkrete Zeit gebunden war. Glauben aber heißt: weitergehen, bis wir in das Geheimnis Gottes hineinfinden, das jenseits unserer Bilder jetzt schon für uns aufleuchtet.

Abschied von infantilen und krankmachenden Bildern und von Projektionen

Das heißt, dass wir uns auf unserem spirituellen Weg immer wieder verabschieden müssen von alten Gottesbildern und weiterwandern, bis neue Bilder uns eine Wegstrecke lang begleiten. Es braucht den Abschied von den kindlichen Gottesbildern, dass Gott immer der liebe Vater ist, der uns immer schützt und der uns vor jedem Unglück bewahrt. Wir erleben im eigenen Leben, dass Kinder, dass Mitschüler, dass junge Freunde sterben, entweder durch eine heimtückische Krankheit oder durch einen Unfall. Wir erleben Unglücke und Verluste und können mit dieser Erfahrung das alte Gottesbild, das von Güte, Fürsorge und Zuwendung bestimmt war, nicht mehr zusammenbringen. Der Kinderglaube schenkt uns Geborgenheit. Das tut uns gut. Doch in unserem Kinderglauben projizieren wir oft zu sehr unser Bild eines guten Vaters oder einer fürsorglichen Mutter auf Gott. Doch die Realität des Lebens, die Erfahrung von Leid und Krankheit, von Naturkatastrophen und Kriegen stimmt mit diesen Projektionen nicht mehr überein. Daher gilt es, uns von ihnen zu verabschieden.

Neben den infantilen Gottesbildern, die uns in der Kindheit Geborgenheit geschenkt haben, gibt es auch krankmachende Gottesbilder, die wir manchmal verinnerlicht haben. Nicht alle haben in ihrer Kindheit positive Erfahrungen mit ihren Eltern gemacht, nicht alle haben ein selbstverständliches Grundvertrauen mit auf ihren Lebensweg bekommen. Und da gibt es in der Tat das strafende Gottesbild oder das Bild eines Gottes, der alles kontrolliert. Von „Gottesvergiftung" hat der Psychologe Tilman Moser in diesem Zusammenhang autobiographisch geschrieben. Er schildert, dass neben Vater und Mutter der ewig kontrollierende und furchteinflößende Gott die wichtigste – und gleichzeitig die giftigste – Person seiner Kindheit gewesen sei. Solche destruktiven Gottesbilder hängen oft auch mit negativen Selbstbildern zusammen – und bringen solche Selbstbilder auch hervor. Das Bild des kontrollierenden Gottes entspricht oft meiner eigenen Tendenz, alles in mir zu kontrollieren. Der Grund dieses Kontrollierenwollens liegt letztlich in der Angst vor der eigenen Wahrheit, der Angst vor dem, was da in mir auftauchen könnte, wenn ich mich nicht völlig kontrolliere. Und es gibt –

in vielen Religionen – Gottesbilder, die uns die Berechtigung zusprechen, Gewalt auszuüben. Wenn wir uns darauf beziehen, benutzen wir Gott für unsere eigenen Machtbedürfnisse und Gewaltphantasien. Auch von all diesen Gottesbildern gilt es, sich zu verabschieden, damit der Gott, der jenseits all dieser Bilder ist, der nach Karl Rahner das unbeschreibliche Geheimnis ist, unser Herz berühren kann.

Es gibt Phasen in unserer Jugend, in denen wir begeistert sind von Gott und von Gottesdiensten, von jugendgemäß gestalteten Feiern und berührenden Liedern. Doch in der Lebensmitte spüren wir, dass in dieser Begeisterung auch viel Projektion war. Mit 40 oder 50 Jahren können wir diese Jugendlieder nicht mehr singen. Sie kommen uns jetzt naiv vor. Manche werfen dann ihr Gottesbild ganz weg. Doch es geht nicht darum, sich von Gott loszusagen, sondern sich von den Bildern zu verabschieden, mit denen wir Gott festgelegt haben, die wir oft mit unseren eigenen Projektionen von infantilen Wünschen verbunden haben.

Die Erfahrung der inneren Leere aushalten

Ich erlebe immer wieder Menschen, die sagen: Ich kann nicht mehr glauben. Der Glaube hat mich jahrelang getragen. Aber wenn ich jetzt bete, fühle ich nur Leere. Ich kann solchen Menschen nicht mit frommen Worten beweisen, dass Gott trotzdem da ist. Es geht kein Weg daran vorbei, zuerst einmal die innere Leere auszuhalten, sich zu verabschieden von allen Bildern, die ich bisher von Gott hatte. Die Erfahrung der Leere gehört wesentlich zu unserem Weg auf Gott hin. In dieser Leere scheint uns Gott abwesend zu sein, so als ob es ihn gar nicht gäbe. Das ist eine Erfahrung, die Johannes vom Kreuz „die dunkle Nacht der Seele" genannt hat. Alle Gottesbilder verdunkeln sich oder lösen sich auf. Dann stehe ich vor der Frage, ob ich mich ganz und gar von Gott verabschiede oder ob ich in der Leere, in der kein Gottesbild mich noch berührt, trotzdem eine Sehnsucht spüre nach etwas, das größer ist als ich: die Sehnsucht nach einem Geheimnis, das mich trägt.

Warum wir trotzdem Bilder brauchen

Wir brauchen freilich auch Bilder von Gott, um überhaupt von ihm sprechen zu können. „Die Unsichtbarkeit macht uns kaputt", hat der junge Studentenpfarrer Dietrich Bonhoeffer 1931 in einem Brief an einen Freund geschrieben und davon gesprochen, dass er nach Indien gehen wolle, um dort eine Religion zu treffen, in der das Göttliche noch sichtbar ist – und nicht dieses „Zurückgeworfenwerden auf den unsichtbaren Gott". Wir leben aber immer in der Spannung zwischen der Unsichtbarkeit Gottes, die uns – in den Worten Bonhoeffers – kaputt machen kann, und unserer Sehnsucht nach Bildern, die wir schauen können, die in uns eindringen, die uns eine Erfahrung vermitteln.

Doch auch wenn wir uns eingestehen, dass wir Bilder brauchen: Zugleich ist es klar, dass Gott jenseits aller Bilder ist. Daher sollten wir uns zuerst von krankmachenden oder naiven und infantilen Gottesbildern verabschieden. Aber dann geht es auch darum, sich überhaupt von den Bildern zu lösen, die wir uns von Gott machen. Wir brauchen weiterhin Bilder, aber wir können an ihnen nicht festhalten.

Negative Theologie:
Keiner hat Gott je geschaut

Es gibt unzählige „verabschiedete" dogmatische Festlegungen im Verlauf der Geschichte. Der „Denzinger", ein Kompendium der verbindlichen Glaubensbekenntnisse und kirchlichen Lehrentscheidungen, hat 1800 Seiten. Der katholische Weltkatechismus hat über 800 Seiten. Doch können sie trotzdem nicht die Wirklichkeit Gottes erfahrbar vermitteln, und sie können uns alle Gott nicht wirklich erklären. Sie haben nur den Sinn, das Geheimnis offen zu halten. Dogmatik ist nicht Rechthaberei, sondern die Kunst, das Geheimnis offen zu halten. Auch unsere dogmatischen Formulierungen sind Bilder, die uns den Blick auf Gott ermöglichen. Weil Gott jenseits aller Bilder ist, gilt es aber, sich zu verabschieden von der Meinung, wir wüssten genau Bescheid über Gott und die Kirche würde uns die absolute Wahrheit verkünden. Gott selbst ist die absolute Wahrheit. Unsere Sätze sind nur Hinwege auf diese Wahrheit hin, die jenseits unserer dogmatischen Festlegungen ist.

Weil Gott jenseits aller Bilder ist, gilt es, sich zu verabschieden von der Meinung, wir wüssten genau Bescheid über Gott, und die Kirche würde uns die absolute Wahrheit verkünden. Gott selbst ist die absolute Wahrheit. Unsere Sätze sind nur Hinwege auf diese Wahrheit hin, die jenseits unserer dogmatischen Festlegungen ist.

„Keiner hat Gott je geschaut", sagt schon die Bibel (1 Joh 4,12). In den zehn Geboten verbietet Gott den Israeliten, sich von Gott ein Bild zu machen. (Ex 20,4 und Dtn 5,8) Die Religionen in Israels Umgebung haben Gott in Bildern dargestellt. Das Verbot, sich von Gott ein festes Bild zu machen, betrifft auch unser Selbstbild. Wir können zwar in Berührung sein mit unserem wahren Selbst, mit dem einmaligen Bild, das Gott sich von uns gemacht hat. Aber wie dieses Bild aussieht, können wir nicht beschreiben. Ähnlich ist es mit der Erfahrung Gottes. Wir spüren etwas von Gott. Aber wir können das, was wir spüren, nicht beschreiben. Es sind nur Spuren Gottes, die wir wahrnehmen. Die Tradition der „negativen Theologie" hat diese Erfahrung aufgegriffen. Man spricht von „apophatischer Theologie", einer verneinenden Theologie. Dionysios Areopagita definiert sie so: „In Bezug auf das Göttliche sind Verneinungen wahr, Bejahungen un-angemessen." Nikolaus von Kues übernimmt diese negative Theologie. Er spricht von einer „wissenden Unwissenheit".

Was bleibt: ein Geheimnis, das wir mit Du ansprechen

Viele werden heute verunsichert durch die Meinung, die oft vertreten wird, Gott sei keine Person, sondern er sei apersonal, er sei eine Energie, er sei der Grund allen Seins. Wenn viele Menschen im Gespräch mit mir darüber klagen, dass sie keine Beziehung zu Gott spüren, dann verweise ich sie auf die Erfahrung des überpersönlichen Gottes: Manchmal spüren wir das Du Gottes nicht, sondern Gott als die Liebe, die alles durchdringt, als die Schönheit, als die ordnende Kraft in allem, was ist. Unsere Wahrnehmung von Gott darf sich wandeln. Manchmal erleben wir Gott als Du, als Person, die uns anspricht, manchmal aber mehr als überpersönlich. Aber auch wenn wir von Gott als Person sprechen, dürfen wir nicht unser menschliches Bild von Person auf ihn über-tragen. Gott ist nicht Person so, wie wir einen Menschen als Person bezeichnen. Er ist das unbegreifliche Geheimnis, wie

Karl Rahner Gott nennt. Aber dieser große Theologe war auch überzeugt, dass wir dieses unbegreifliche Geheimnis mit Du ansprechen dürfen. Dieses Du ist freilich anders als ein Freund, den wir duzen. Rahner spricht von seiner persönlichen Erfahrung, dass er bei aller Unbegreiflichkeit Gottes, der alle unsere Vorstellungen von Person übersteigt, dennoch Du zu diesem Geheimnis Gottes sagen darf, weil hinter diesem Geheimnis etwas von der Wirklichkeit aufscheint, die wir in der Beziehung zu einem Vater und einer Mutter erfahren.

Und die vielen Religionen?

Viele fragen sich heute auch, was denn der richtige Gott ist, da verschiedene Religionen doch unterschiedliche Vorstellungen von Gott haben. Die Antwort auf diese Frage ist, dass es nur einen einzigen Gott gibt. Die Religionen haben nur verschiedene Bilder von Gott. Aber Gott ist jenseits aller Bilder und Worte. Das ist eben das Paradox, dass wir von diesem unbeschreiblichen Gott in Worten sprechen müssen. Wir haben nur Bilder. Auch die Bilder, die andere Religionen von Gott haben, können uns öffnen für den Gott jenseits aller Begriffe und Bilder. Und auch die Juden und die Muslime kennen den unbeschreiblichen Gott, den man nicht mehr mit Bildern oder Namen festlegen darf.

Herausgefordert vom Atheismus

In unserer säkularisierten Welt stellen sich viele Menschen die Gottesfrage gar nicht. Sie sind – wie Max Weber das formuliert hat – „religiös unmusikalisch". Max Weber hat darunter noch gelitten. Doch heute scheinen viele mit dieser religiösen Nichtmusikalität ganz zufrieden zu sein. Sie meinen eher, dass die Menschen, die an Gott glauben, Gott nötig haben, weil sie ohne Gott nicht mit ihrem Leben zurechtkommen. Es gilt, sich diesen Auseinandersetzungen zu stellen. Der Atheismus vieler Menschen heute ist für uns Christen eine Herausforderung: Wie kann ich dennoch an Gott glauben? Auf der einen Seite müssen wir von manchen allzu sicheren und festen Gottesbildern Abschied nehmen. Auf der anderen Seite sollten wir aber auch nach Wegen suchen, wie wir Gott erfahren und wie wir mitten in der Situation des Zweifels an Gott festhalten können, so dass er wie ein Grund wird, auf dem wir bei aller Unsicherheit fest stehen und Halt finden. Der Weg zu Gott geht heute sicher zum einen über die Welt: Indem ich die Schönheit der Welt betrachte, ahne ich etwas von Gott, der das Urschöne ist. Wenn ich Musik höre, spüre ich, dass sie mich hinüberführt in eine andere Welt, in der mir das Geheimnis von Transzendenz aufleuchtet. Indem ich in die Weiten des Weltalls schaue, in die mich die Astronomie führt, werde ich berührt von der unendlichen Größe des Kosmos und fühle mich als Mensch klein. Da nehme ich auch Abschied von zu großen Bildern, die wir uns vom Menschen gemacht haben.

Angesichts der modernen Wissenschaften – eine Perspektive offenhalten

Neben der Herausforderung durch den Atheismus gibt es auch die Herausforderung der modernen Wissenschaften, etwa der Astronomie, die uns in die unendliche Weite des Weltalls schauen lässt, der Gehirnforschung, die die Beziehung religiöser Vorstellungen zu bestimmten Gehirnarealen aufzeigt, und der Psychoanalyse, die manche Gottesvorstellungen als Projektion infantiler Wünsche versteht. Unser Gottesglaube ist heute angefochten. Umso wichtiger ist es, dass wir Christen uns all diesen Fragen stellen, aber dennoch hinter allem den sehen, den uns die Bibel als Gott beschreibt, den Schöpfer und Grund allen Seins, der Liebe, die diese ganze Welt durchdringt und die auch uns verwandeln möchte in Menschen der Liebe. Es ist unsere Aufgabe, diese Perspektive als Frage nach Gott in unserer säkularen Gesellschaft offenzuhalten. Damit leisten wir einen wichtigen Dienst an der Gesellschaft. Wir halten den Himmel offen über all dem Chaos, in dem die Welt heute zu versinken droht.

Glauben zwischen Zweifel und Wagnis

Abschied nehmen und neu anfangen, loslassen und weitergehen, darum geht es in auch unserer Gottesbeziehung. Der Weg geht über die Zweifel, die uns immer wieder kommen: Ist Gott nur eine Einbildung? Machen wir uns etwas vor mit dem Glauben an Gott? Zugleich verlangt unser Weg ein Wagnis. Bei aller Unsicherheit, bei allen Zweifeln gilt es, den Glauben zu wagen, den Sprung in den Glauben zu riskieren. Der katholische Philosoph Peter Wust hat diese Spannung zwischen Zweifel und Glauben, zwischen Ungewissheit und Wagnis schon in den dreißiger Jahren des letzten Jahrhunderts in seinem Buch „Ungewissheit und Wagnis" mutig beschrieben. Seine Erfahrung gilt auch für uns heute. Wir können nicht einfach so tun, als ob wir an allen alten Vorstellungen und Bildern von Gott und von unserem Glauben festhalten können. Wir müssen uns verabschieden von alten Gewissheiten. Aber bei aller Ungewissheit dürfen wir mit dem jüdischen Rabbi, von dem eine chassidische Überlieferung erzählt, den oft allzu sicher erscheinenden Gottesleugnern das Wort „Vielleicht ist es doch wahr!" entgegenhalten. Dieses eine Wort „Vielleicht" konnte den Gottesleugner mehr verunsichern als alle theologischen Argumente. Auch wir hoffen mit dem jüdischen Rabbi, dass das „Vielleicht" mehr auf die Wahrheit verweist als alle geistreichen Überlegungen. Es geht dabei nicht um abstrakte oder theoretische Ansprüche. Und es liegt an uns, andere Menschen durch unser Leben, unser Tun davon zu überzeugen. Das meinte wohl Martin Buber, ein ebenfalls in der chassidischen Tradition stehender Denker, wenn er (in: Ich und Du, S. 137) sagt: „Die Gottesbegegnung widerfährt dem Menschen nicht, auf dass er sich mit Gott befasse, sondern auf dass er den Sinn an der Welt bewähre."

....

Die Erfahrung der Leere gehört wesentlich zu unserem Weg auf Gott hin. In dieser Leere scheint uns Gott abwesend zu sein, so als ob es ihn gar nicht gäbe. Dann stehe ich vor der Frage, ob ich mich ganz und gar von Gott verabschiede oder ob ich in der Leere, in der kein Gottesbild mich noch berührt, trotzdem eine Sehnsucht spüre nach etwas, das größer ist als ich: die Sehnsucht nach einem Geheimnis, das mich trägt.

....

Abschied von Kirchenbildern: Von abgelebten Traditionen hin zu einer lebendigen Glaubensgemeinschaft

Was hinter Kirchen-Bildern steht: Vorstellungen und Realität

„Ein Haus voll Glorie schauet, weit über alle Land", von Joseph Mohr 1875 getextet und komponiert, war in unseren Gemeinden besonders bei festlichen Anlässen eines der meistgesungenen deutschsprachigen katholischen Kirchenlieder. Das damit verbundene triumphale Gefühl kommt uns heute fremd vor. Auch die zweite Liedzeile geht heute vielen nicht mehr so leicht über die Lippen: „Aus ewgem Stein erbauet, von Gottes Meisterhand". Das Bild des Bröckelns, die Vorstellung versteinerter Fassaden aufgrund menschlicher Fehler drängt sich eher auf.

Zu sagen, dass die Kirche eine fraglos „heilige" Institution sei, ist nach dem Bekanntwerden zahlloser kirchlicher Missbrauchsvorfälle nicht mehr möglich. Die Zahl der Kirchenaustritte, in den letzten Jahren schon dramatisch gestiegen, ist gegenwärtig so hoch wie nie. Nicht nur die schon länger beobachtbare Entfremdung zwischen Kirchenmitgliedern und dem Glaubensleben in der kirchlichen Gemeinschaft wird sichtbar. Auch die Diskrepanz zwischen traditionellen kirchlichen Selbstbildern und der Außenwahrnehmung ist gewachsen. Als eine Zeitung (vgl. FAS 27.2.2022) Stichworte über die Situation der Kirche sammelte, fielen Begriffe wie Frust, Enttäuschung, Hilflosigkeit, Ohnmacht und Intransparenz. Auch wo sich in Schlagworten eine einseitige Wahrnehmung ausdrückt: Die aktuelle Situation wird davon weithin bestimmt. Es herrscht eine Abschiedsstimmung. Aber es gibt nicht nur das Gefühl, dass etwas abbricht. Stark spürbar ist auch die Sehnsucht nach Aufbruch und die Suche nach neuen Quellen der Lebendigkeit. Und es gibt die Überzeugung: Auch eine kleiner werdende Kirche kann Einfluss nehmen auf die Gesellschaft, wenn sie überzeugend die Botschaft Jesu so verkündet, dass die Sehnsüchte der Menschen angesprochen werden. Der Abschied von einer in der Breite der Gesellschaft fraglos verankerten Volkskirche bedeutet also nicht Abschiednehmen vom Glauben an die spirituelle Kraft der christlichen Botschaft. Im Gegenteil: Die unübersehbaren Zeichen des Abschieds von einer bestimmten Gestalt der Kirche könnten uns herausfordern, über ihre eigentliche Sendung in unserer Gesellschaft und in unserer Zeit tiefer nachzudenken.

Es herrscht eine Abschiedsstimmung in vielerlei Hinsicht. Aber es gibt nicht nur das Gefühl, dass etwas abbricht. Stark spürbar ist auch die Sehnsucht nach Aufbruch und die Suche nach neuen Quellen der Lebendigkeit.

Hinter Kirchenbildern stehen auch theologische Vorstellungen, Konzepte und Traditionen: Was ist gemeint, wenn wir sagen, die Kirche sei „Leib Christi" oder „Mutter des Glaubens"? Von „Sammlung" und „Sendung" ist im Blick auf Kirche die Rede, mit unterschiedlichen Zielsetzungen. Wer das Bild von der „kleinen Herde" verwendet, hat aber ein anderes Bild von Kirche im Kopf als derjenige, der vom „pilgernden Gottesvolk" spricht, das inmitten der Menschheitsgemeinschaft unterwegs ist.

Zwischen „Amtskirche" oder „Volkskirche" unterscheiden die einen. Die anderen sprechen von der zentralistischen „Papstkirche" oder, auch im Blick auf die Zuständigkeiten in der Gemeinde, von einer „Klerikerzentrierung". Sie sehen eine Fixierung auf die Ämterhierarchie, die der Basis der getauften Gläubigen zu wenig Raum im kirchlichen Leben gibt. Andere konstatieren, dass eine „Männerkirche" Frauen Rechte vorenthält und im Zeitalter der Geschlechtergleichheit künftig antiquierte Traditionen aufgeben muss. Und schließlich: Wer die Kirche eine „Moralanstalt" nennt, hat eine andere Erfahrung, einen anderen Blick und ein anderes Bild im Kopf als diejenigen, die in ihr ein „moralisches Bollwerk" gegen den Verfall der Sitten sehen.

Die unübersehbaren Zeichen des Abschieds von einer bestimmten Gestalt der Kirche könnten uns herausfordern, über ihre eigentliche Sendung in unserer Gesellschaft und in unserer Zeit tiefer nachzudenken.

Abschied von der „Volkskirche"

Unbestreitbar hat sich seit langem etwas verändert: der Stellenwert von christlichem Glauben als selbstverständlicher Grundlage unserer Gesellschaft und von Kirche als allgemein akzeptierter Institution in unserer Gesellschaft, mit einem vorteilhaften rechtlichen Status und als Anbieterin von zahlreichen öffentlichen Dienstleistungen. Seit Jahrzehnten sprechen auch Theologen vom „Abschied von der Volkskirche", wenn sie darüber nachdenken, was künftig eine Leitvorstellung für Kirche in unserer pluralen und weltlichen Gesellschaft sein könnte.

Andererseits trauern viele Gläubige alten kirchlichen Traditionen nach. Als das II. Vatikanische Konzil die Liturgievorschriften änderte, um die Liturgie den Menschen näherzubringen, gab es viele Katholiken, die sich nach der alten lateinischen Liturgie zurücksehnten. Sie haben nicht begriffen, dass sich auch die Kirche entwickelt und sich immer schon gewandelt hat. Doch die alten liturgischen Formen sind für viele so vertraut, dass sie sich schwertun, sich von ihnen zu verabschieden und sich auf neue Formen einzulassen. Natürlich braucht die Kirche auch eine gesunde Tradition. Traditionen geben den Menschen ja auch Geborgenheit. Aber die Tradition war immer in Bewegung. Sie war nie starr.

Manche trauern heute auch den 50er Jahren des letzten Jahrhunderts nach, in denen die Kirchen bei den Gottesdiensten noch voll waren. Doch sie vergessen, dass es damals gerade auch in Dörfern viel sozialen Zwang gab. Es gehörte einfach dazu, in den Gottesdienst zu gehen. Ob der immer mit christlichem Geist erfüllt hat, ist eine andere Frage. Wir können diese alten Verhältnisse nicht einfach wieder herstellen. Die Gesellschaft hat sich gewandelt, die Kirche hat sich gewandelt. Nur wenn wir Abschied nehmen von vertrauten Traditionen, werden wir offen für das, was heute unseren Glauben, was den Kern der christlichen Überlieferung wirklich ausmacht. Dabei kann es durchaus sein, dass wir alte Traditionen und Formen neu beleben. Aber dabei geht es dann nicht einfach um Wiederholung, sondern um eine neue Deutung.

Erschüttertes Vertrauen:
Abschied vom Bild der heiligen Kirche

Die Missbrauchsstudien, die verschiedene Diözesen in Auftrag gegeben haben, haben viele Christen erschüttert. Viele haben sich daraufhin nicht nur abgewandt, sondern ganz von der Kirche verabschiedet. Sie trauen ihr als Institution nicht mehr. Sie fühlen sich in ihr nicht mehr daheim. Sie sind so enttäuscht darüber, dass gerade Amtsträger, die ihnen mit ihren Moralpredigten ein schlechtes Gewissen gemacht haben, moralisch so verwerflich gehandelt und Kinder sexuell missbraucht haben. In dieser Kirche wurden Machtstrukturen erkennbar, die den Missbrauch gefördert haben. Und wir haben schmerzlich wahrgenommen, dass sich hinter zu frommen Worten oft das Bedürfnis versteckt, selber geliebt und bewundert zu werden. Die Verunsicherung durch diese Erfahrungen zwingt uns, uns von dem Idealbild der Kirche zu verabschieden. Aber nur wenn wir uns von diesen Bildern verabschieden, können wir auch die guten Seiten der Kirche entdecken, den Reichtum an spiritueller Tradition, den Reichtum der Liturgie, den Einsatz vieler Christen für Menschen am Rand der Gesellschaft, für den selbstlosen Dienst vieler Seelsorger und Seelsorgerinnen. Und wir erkennen, dass die Kirchengeschichte immer wieder von dunklen Zeiten geprägt war. Dennoch gab es in dieser Geschichte viele Heilige, die sich ganz und gar für die Menschen eingesetzt haben, die ihr Leben ehrlich vor Gott gelebt und tiefe spirituelle Erfahrungen gemacht haben. Indem wir Abschied nehmen von Idealbildern der Kirche, werden wir offen für die Kirche, die Papst Franziskus einmal ein „Feldlazarett" genannt hat, einen Ort, an dem verwundete Menschen Heilung erfahren. Das Kirchenbild von einem Haus voller Glorie, das hierarchische Kirchenbild, ist heute nicht mehr vermittelbar. Das II. Vatikanische Konzil hat in seiner Konstitution über die Kirche das Bild des pilgernden Gottesvolkes entfaltet. Wir wandern demnach mit den andern Menschen, mit Andersgläubigen, mit Atheisten gemeinsam. Wir stellen uns nicht über die anderen, sondern kommen unterwegs mit ihnen ins Gespräch und versuchen, unsere Sicht des Menschen und der Welt mit ihnen zu kommunizieren.

Heute treten viele aus der Kirche auch deswegen aus, weil sie sich von ihr nicht in ihrer politischen Meinung vertreten fühlen oder weil sie das Engagement für Flüchtlinge nicht gutheißen. Impfgegner traten aus, weil die Kirche sie nicht in ihrer Haltung unterstützte. Nicht wenige wollten auch einfach die Kirchensteuer sparen. Dass die soziale und emotionale Bindung an Institutionen heute nicht mehr so stark ist wie früher, ist Faktum. Früher wurde die Bindung an die Kirche durch die Weitergabe des Glaubens in den Familien grundgelegt. Man fühlte sich in der Kirche daheim. Dieses Heimatgefühl haben viele Christen heute verloren. Es ist auch nicht leicht für die Kirche, die verschiedenen Tendenzen, die in einer konkreten Gemeinde herrschen, miteinander zu verbinden. Sie könnte aber gerade, indem sie

Nur wenn wir uns von überholten Idealbildern verabschieden, können wir auch die guten Seiten der Kirche entdecken, den Reichtum an spiritueller Tradition, den Reichtum der Liturgie, den Einsatz vieler Christen für Menschen am Rand der Gesellschaft, den selbstlosen Dienst vieler Seelsorger und Seelsorgerinnen.

das tut, einen wesentlichen Beitrag dazu leisten, dass unsere Gemeinschaft nicht auseinanderfällt und Unterschiede uns nicht spalten. Denn auch in der Gesellschaft erleben wir, dass die Menschen immer weniger fähig sind, andere Meinungen zu tolerieren und mit Andersdenkenden freundlich und fair umzugehen.

Worin liegt die Chance?

Der Abschied von denen, die aus der Kirche austreten, tut denen weh, die in der Kirche bleiben. Aber sie sollten sich von den vielen Austritten nicht in eine „Kirchendepression" hineintreiben lassen, die davon ausgeht, dass die Kirche zerfallen wird. Sie sollten die Situation vielmehr als Chance nehmen, sich auf das Wesen der Kirche zu besinnen. Die Kirche kann mit ihrem spirituellen Reichtum die Sehnsucht der Menschen berühren. Aber sie muss zuerst auf die Sehnsüchte der Menschen hören, bevor sie eine Antwort gibt. Die Kirche braucht beides: Demut, also die Einsicht, dass sie genauso von Fehlern und Schwächen geprägt ist wie jede andere Gemeinschaft. Und zugleich Selbstvertrauen, weil sie nicht auf sich allein gestellt ist, sondern vom Geist Gottes durchdrungen wird. Der Geist Gottes kann in der Kirche immer wieder Neuaufbrüche bewirken. Die Kirche hat für sich immer den Satz in Anspruch genommen: „ecclesia semper reformanda = die Kirche muss immer erneuert werden". Das ist unsere Aufgabe heute, dass wir in uns aus diesem Geist der Erneuerung auf den Geist Jesu horchen, anstatt uns von den Meinungen draußen nach unten ziehen zu lassen. Dann wird die Krise der Kirche auch zu einer Chance, sich neu vom Geist Jesu und seiner Botschaft durchdringen und verwandeln zu lassen.

Eine Vision, die Zukunft eröffnet – Hören auf die Sehnsüchte

Zunächst ist es Aufgabe der Kirche, auf die Sehnsüchte der Menschen zu hören. Da ist die Sehnsucht nach einem sinnvollen Leben, nach Heilung der eigenen Lebensgeschichte, nach Hoffnung und Zuversicht. Und da ist die Sehnsucht nach einer spirituellen, nach einer mystischen Erfahrung. Karl Rahner hat ja den berühmten Satz formuliert: „Der Christ der Zukunft wird ein Mystiker sein, das heißt, einer, der etwas erfahren hat, oder er wird nicht mehr sein." Um auf diese Sehnsucht zu antworten, braucht es eine Sprache, die auch wirklich die Herzen der Menschen berührt. Und es braucht eine Kirche, in der sich spirituell suchende Menschen angesprochen fühlen, in der sie eingeführt werden in die mystische Erfahrung: in die lebensprägende Erfahrung eines heilenden und befreienden Gottes.

Eine andere Sehnsucht ist die nach Gerechtigkeit und Gleichberechtigung. Die Kirche hat nicht nur die Aufgabe, ihre Stimme zu erheben, wenn es um ungerechte Strukturen in der Gesellschaft geht, sondern sie hat auch in ihrer eigenen Organisation Gerechtigkeit zu leben. In der Kirche herrschten oft unklare und undurchsichtige Machtverhältnisse. So gilt es, die Strukturen der Kirche transparenter zu machen. Die Kirche war lange Zeit eine reine Männerkirche. Zwar haben viele Frauen sich in der Kirche engagiert, aber der Zugang zum Priesteramt wurde ihnen verwehrt. Die Kirche kann nicht an der Forderung nach Gleichberechtigung für die Frauen vorbeigehen. Es gibt keine gewichtigen theologischen Gründe gegen das Priestertum der Frauen und auch keine Gründe gegen verheiratete Priester.

Ein Thema, das uns alle berührt, ist der Klimawandel, der gerechte Umgang mit der Schöpfung. Viele Kirchengemeinden sind heute dafür sensibel. Papst Franziskus hat in seiner Enzyklika „Laudato si" die Sorge für eine gesunde Umwelt, das gemeinsame Haus der Erde, in den Mittelpunkt seiner Botschaft gestellt. Für ihn hat der Einsatz für den Schutz unserer Schöpfung immer auch eine soziale Dimension. Die Ausbeutung der Natur führt immer auch zur Ausbeutung des Menschen. Die Kirche hat die Aufgabe, die spirituelle Dimension des Umweltschutzes aufzuzeigen. Bloß moralische Appelle allein bewegen uns ebenso wenig, wie Katastrophenszenarien schon dazu führen, die Umwelt zu schonen.

Eine andere Sehnsucht ist die nach Versöhnung. Wir spüren, dass es vielen Menschen schwerfällt, sich mit sich und ihrer Lebensgeschichte zu versöhnen. Wir brauchen die Botschaft von der Versöhnung, zu der uns Paulus in 2 Kor 5 aufruft. Aber nach Versöhnung sehnen wir uns auch in der Gesellschaft, und erleben doch momentan gerade das Gegenteil. Die Gesellschaft wird immer mehr gespalten zwischen Gruppen, die nicht mehr auf die andern hören. Versöhnung gilt es nicht nur zu verkündigen, sondern zu leben in einem guten Miteinander zwischen Männern und Frauen, zwischen Reich und Arm, zwischen konservativ und progressiv, zwischen den verschiedenen spirituellen Richtungen. Da hat die Volkskirche durchaus ihre Berechtigung, wenn und insofern sie die verschiedenen Gruppen integriert und die Gefahr einer elitären Gemeinschaft vermeidet. Karl Rahner meinte einmal: „Man kann kein Vaterland haben, wenn man nicht auch mit seinen Spießbürgern und Nachtwächtern zu leben bereit ist. So ist es auch bei der Kirche." Die Kirche könnte einen Raum schaffen, in dem sich viele Menschen daheim fühlen, anstatt Menschen auszuschließen, die nicht unseren Ansprüchen eines reifen Menschen entsprechen.

Warum wir die Gemeinschaft brauchen

Der Glaube ist zwar etwas Persönliches, er betrifft meine persönliche Beziehung zu Gott. Doch wir können nicht allein glauben, wir brauchen Vernetzung im Glauben. Wir brauchen die Gemeinschaft, die wir Kirche nennen. Wenn wir gemeinsam die Feste des Kirchenjahres feiern, so dürfen wir in der Gemeinschaft die heilende Kraft dieser Feste erfahren. Und zugleich bringen wir in die säkularisierte Gesellschaft einen Funken der Hoffnung, dass Gott auch heute erfahrbar wird, dass die Geschichte Jesu auch heute noch ihre heilende und befreiende Wirkung entfalten kann. Die Feier der kirchlichen Rituale bringt uns in Berührung mit unseren Wurzeln. Die Wurzellosigkeit ist heute oft der Grund von Depressionen. Unsere Gesellschaft und der Einzelne brauchen Wurzeln, damit das Leben gelingt.

Der Glaube ist zwar etwas Persönliches, er betrifft meine persönliche Beziehung zu Gott. Doch wir können nicht allein glauben, wir brauchen Vernetzung im Glauben, wir brauchen die Gemeinschaft, die wir Kirche nennen.

In einer Zeit, in der wir uns ständig darstellen müssen, in der wir aber zugleich in der Angst leben, nicht gut genug zu sein, ist es wichtig, weiter die Botschaft zu verkünden, dass wir von Gott bedingungslos angenommen sind. Der evangelische Theologe Paul Tillich beschreibt diese Botschaft als „Annahme des Unannehmbaren". Es ist eine befreiende Botschaft. Und sie gilt gerade auch den Menschen, die sich abgelehnt fühlen, weil sie den Normen und Ansprüchen der Gesellschaft nicht genügen. Die Botschaft von der Vergebung bewahrt uns davor, eine Kirche perfekter Menschen werden zu wollen. Auch die Kirche, wie sie sich in den Gemeinden darstellt, ist eine Gemeinschaft von schwachen und sündigen Menschen. Gerade das macht sie in einer Welt, die erbarmungslos über Schwache urteilt, menschlich und barmherzig.

So hat sie auch in Zukunft eine wichtige Aufgabe in unserer Welt. Sie führt Menschen, die sich anonym fühlen, zu einer Gemeinschaft zusammen. Sie sorgt für Menschen, die von der Gesellschaft vernachlässigt werden, wie Kranke, psychisch Labile, Ausgegrenzte und Obdachlose. Und sie hält die Frage nach Gott in unserer Gesellschaft offen. Das ist auch ein Dienst an den Menschen. Denn der Mensch wird erst zum Menschen, wenn er offen ist für das Geheimnis, das größer ist als er selbst.

Wo gelebt wird, was Jesus wollte

Ich träume von einer glaubwürdigen Kirche, die das lebt, was Jesus wollte, und die sich mit aller Kraft für eine gerechte Welt einsetzt. Ich träume von einer Kirche, die Sauerteig der Versöhnung wird für unsere Gesellschaft. Und ich träume von einer Kirche, die den Menschen Hoffnung vermittelt, Hoffnung auf ein sinnvolles Leben, Hoffnung auf Frieden, Hoffnung auf ein Miteinander aller Menschen. Und ich träume von einer Kirche als einem Ort, an dem die Menschen sich in ihrer spirituellen Sehnsucht angesprochen fühlen und an dem sie das ausdrücken können, was ihrer Sehnsucht nach Mystik entspricht. Ich träume von einer Kirche, die die beiden Pole „Ora et Labora", Kampf und Kontemplation, Mystik und Politik auf überzeugende Weise miteinander verbindet und so zum Segen wird für unsere Welt.

Wenn wir vom Mut sprechen, weiterzugehen, müssen wir uns über die Richtung verständigen, konkrete Ziele in den Blick nehmen, auch von der Kraft der Hoffnung sprechen, die auch in Visionen oder Träumen liegt. Ich träume von einer glaubwürdigen Kirche, die das lebt, was Jesus wollte.

Wenn Kirchen abgerissen oder umgewidmet werden – Räume spiritueller Erfahrung schaffen

Da die Christen in Europa immer weniger werden, werden immer wieder Kirchen abgerissen oder ihrem ursprünglichen Zweck entfremdet bzw. umgewidmet. Es sind teilweise Kirchen, die nach dem Krieg, vor allem in den sechziger Jahren, gebaut worden sind, weil die alten Kirchen zu klein waren oder weil neue Pfarreien entstanden sind. Sie sind für heutige Verhältnisse oft zu groß dimensioniert. Manchmal haben sie aber auch so gravierende bauliche Mängel, dass es sich nicht mehr lohnt, sie zu sanieren. Doch wenn sie abgerissen werden, spüren die Menschen, wie schwer es ihnen fällt, sich von ihnen zu verabschieden. Das gilt nicht nur für die Kirchgänger, deren persönliche Biographie damit verbunden ist. Es gilt auch für Menschen, die sich nicht als gläubig bezeichnen, aber erkennen, dass die Kirche wesentlich zu dem gehörte, was für sie Heimat ist: nicht nur als baulicher Akzent eines gewachsenen Ortsbilds, sondern auch als Ausdruck der Atmosphäre des Ortes.

Manchmal werden auch ältere Kirchen abgerissen. Da ist der Schmerz oft noch größer. Kirchen haben den Ort geprägt, sie haben dem Ort das Gespür für das Geheimnis gegeben. Heimat ist ja nur dort, wo auch das Geheimnis wohnt. Daheim sein kann man nur, wo das Geheimnis greifbar ist. Wenn mit der Kirche auch dieser Verweis auf das Geheimnisvolle abgerissen wird, dann fehlt den Menschen etwas. Sie werden durch die Kirche nicht mehr erinnert an das, was größer ist als sie selbst. Die Glocken verstummen, die zu einem vertrauten Klang geworden waren. Wenn die Menschen an der Kirche vorbeigegangen sind, konnten sie sich daran erinnern, dass da mitten in ihrer Stadt etwas ist, was über das Alltägliche hinausweist. Die Kirchtürme zeigen zum Himmel. Sie öffnen den Himmel über einer Stadt, die oft zu sehr nur mit sich beschäftigt ist und in der alles banal zu werden droht.

Kirchengebäude, die nicht mehr gebraucht werden für den Gottesdienst, müssen nicht unbedingt abgerissen werden. Der Abschied vom Gottesdienstraum kann zu einem neuen Aufbruch führen, wenn man kreativ mit diesen zu groß gewordenen Räumlichkeiten umgeht. In den Niederlanden etwa wurden viele Kirchen im Innern geteilt in einen Raum für die Gottesdienste und in einen Raum für kulturelle Veranstaltungen, wo Vorträge stattfinden oder auch Musik aufgeführt wird. Auch in Deutschland wurden manche alten Kirchen zu sogenannten „Konzertkirchen". In Neu-Brandenburg etwa wurde die gotische Marienkirche in einen Konzertsaal verwandelt. Andere Kirchen wurden umgewidmet zu sogenannten Kolumbarien. Gemeint ist damit ein würdiger Raum als Aufbewahrungsort für die Urnen. Die Beschäftigung mit dem Tod und die Begleitung von Trauernden gehört ja seit jeher zu den Anliegen der Kirche. Zudem waren nicht nur in alten Kirchen auch Begräbnisstätten, die Bestattung von Verstorbenen gehört auch heute noch zu den zentralen Aufgaben von Kirche. Wird eine Kirche nicht mehr

Wir sollten mit einem kreativen Blick nach Zukunftslösungen suchen: Auf welche Sehnsüchte und Bedürfnisse könnten die Kirchenbauten in den Menschen, in den Gemeinden und Städten antworten? Wie könnten auch die alten Kirchen weiterhin in einer Stadt zeichenhafte Bedeutung haben und den Menschen das Gefühl von Heimat vermitteln?

als Gottesdienstraum der Gemeinde genutzt, so kann doch die Gemeinschaft der Lebenden und der Toten unter dem Dach der Kirche ausgedrückt werden und Auferstehungshoffnung in angemessener Form einen Ausdruck finden.

Es gibt keine generellen Lösungen für den Umgang mit solchen Bauten. Aber man sollte nicht im Abschiedsschmerz verharren, sondern mit einem kreativen Blick nach Zukunftslösungen suchen, also zuerst einmal fragen: Auf welche Sehnsüchte und Bedürfnisse könnten Kirchenbauten in den Menschen, in den Gemeinden und Städten antworten? Wenn man genügend Phantasie aufbringt, könnten die alten Kirche weiterhin eine wichtige Rolle in einer Stadt spielen und zeichenhafte Bedeutung haben. Sie würden den Bewohnern weiterhin das Gefühl von Heimat vermitteln. Die Bedeutung des Kirchenbaus im Sinne der Eröffnung eines geistigen oder spirituellen Raums bleibt weiter, auch wenn nur noch Musik darin gespielt wird. Musik ist ja vom Ursprung her immer auch religiöse Musik, insofern sie, nach Joachim-Ernst Berendt, ein Hinübergehen ist: hinübergehen in eine andere, transzendente, Welt, in der das Göttliche für uns erfahrbar wird.

....

Wir sollten mit einem kreativen Blick nach Zukunftslösungen suchen: Auf welche Sehnsüchte und Bedürfnisse könnten die Kirchenbauten in den Menschen, in den Gemeinden und Städten antworten? Wie könnten auch die alten Kirchen weiterhin in einer Stadt zeichenhafte Bedeutung haben und den Menschen das Gefühl von Heimat vermitteln?

....

Dem letzten Abschied
entgegengehen

Älterwerden und Alter –
Abschied von Fähigkeiten und Erleben
neuer Freiheiten

Eine neue Form des Muts zum Leben

Älterwerden ist ein lebenslanger Prozess, vom Kind zum Jugendlichen, vom Jugendlichen zum Erwachsenen und schließlich zum Alten: ein innerer Weg von Wandlungen und immer auch verbunden mit Abschieden. Als Jugendliche wollen wir Abschied nehmen vom Kindsein, endlich mitsprechen und Verantwortung übernehmen. Ältergewordene freuen sich darauf, dass sie irgendwann frei von lästigen Pflichten sein werden und Verantwortung hinter sich lassen und einfach nur leben können – möglichst bis in ein sorgenfreies Alter.

Und das Alter selbst? Auch das Alter sei ein interessanter Prozess, sagt in einem Gespräch der inzwischen über 80-jährige Extrembergsteiger Reinhold Messner. Er erzählt von seinen bleibenden Leidenschaften, seiner ungebrochenen Begeisterungsfähigkeit. „Niemand von uns kann mit 80 das Gleiche machen, was er mit 20, 40 oder 60 gemacht hat. Das ist schmerzhaft, aber es ist die Wahrheit." (FAS 27.2.2022) Er räumt für sich ein: Schnelligkeit und Kraft wurden schwächer, die Ausdauer hat nachgelassen, sogar seine Leidensfähigkeit ist weniger geworden. Aber auch über die anhaltende Suche nach Glück spricht er und die Energie, die ihn immer weiterträgt. Und auch über die Ängste, die im Alter nicht weniger werden. Sie sind für ihn aber nichts Negatives, sondern eine andere, neue Form des Muts zum Leben.

Ich selber – obwohl nie echter Bergsteiger – war früher voller Leidenschaft, immer höhere Gipfel zu erklimmen. Wenn ich heute in den Alpen wandere, habe ich nicht mehr diesen Ehrgeiz, immer höher zu klettern oder immer größere Touren zu unternehmen. Ich spüre meine körperliche Begrenztheit. In den letzten Jahren fuhr ich mit meinen Geschwistern immer eine Woche zum Wandern in die Alpen. Doch wir spüren, dass wir nicht mehr planen können, ob es im nächsten Jahr noch geht. Mal hat der Bruder oder die Schwester eine körperliche Beschwerde. Und wir wissen nicht, wie es in fünf Jahren sein wird. Wir spüren, dass wir unsere Begrenztheit annehmen und uns von unserem Ehrgeiz, möglichst hoch zu steigen, verabschieden müssen.

„Ich habe mit Erfolg eine Fabrik geleitet. Jetzt kümmere ich mich um meinen Garten. Wenn ich jetzt das Unkraut jäte, mich mit den Maulwürfen im Garten herumschlage oder die Äste meiner Apfelbäume schneide, denke ich zwar auch manchmal: Ich könnte eigentlich Wichtigeres leisten. Aber warum soll das, was ich jetzt tue, eigentlich weniger wert sein?"

Heute freuen sich viele Menschen auch im Alter daran, dass sie noch gesund und fit sind, dass sie Reisen in ferne Länder unternehmen können und dass ihre Schaffenskraft noch ungebrochen ist. Doch irgendwann kommt der Zeitpunkt, an dem der alte Mensch seine Grenzen spürt. Er wird schneller müde. Er braucht für manche Tätigkeiten länger. Er vergisst die Namen von Bekannten, hat den Titel oder den Inhalt von Büchern nicht mehr so parat. Und er erlebt, dass sein Körper anfälliger wird für Krankheiten. All das muss man sehen: die allmählich spürbaren Einbußen in der körperlichen, zum Teil auch in der kognitiven Leistungsfähigkeit, die allmählich spürbaren Einschränkungen in alltagsbezogenen Fertigkeiten. Aber das ist eben nicht alles.

Verlusterfahrungen sind nicht alles

Alter ist oft auch die Erfahrung von Verlust: Verlust von Relevanz, Bedeutung und Fähigkeiten. Alte Fähigkeiten zählen plötzlich nicht mehr. Ich habe einen Theologieprofessor begleitet, der in seiner aktiven Zeit sehr gefragt war für Rundfunkvorträge. Jetzt im Alter wollte keiner seine Überlegungen mehr hören. Außerdem war er jetzt ohne Sekretärin. Mit dem PC konnte er nicht schreiben. So musste er Abschied nehmen von der Bedeutung, die er früher hatte, vom Gefragtsein und Gebrauchtwerden. Ein solcher Abschied kann auch eine Chance sein, sich zu fragen: Wenn meine Gedanken und meine Fähigkeiten, Dinge klarzustellen, nicht mehr gefragt werden, wer bin ich dann? Was bedeuten dann meine Einsichten denn für meinen persönlichen Weg? Wer bin ich selber als spiritueller Mensch? Wie kann ich meinen spirituellen Weg gehen, nur als meinen persönlichen Weg mit Gott, ohne dass sich andere dafür interessieren? Das ist eine Feuerprobe auf meine Theologie und meine Spiritualität: Jetzt geht es nicht mehr darum, für andere etwas Interessantes über Spiritualität zu schreiben, sondern sie selbst zu leben.

Erfahrungen wie die gerade beschriebene machen viele alte Menschen: Die Jungen wissen alles besser. Die Alten kennen sich weder mit den neuen Medien aus, noch haben sie eine Ahnung von der modernen Welt der technischen Möglichkeiten. Es tut gerade gebildeten Menschen weh, zu erkennen: Das, was uns wichtig war und ist, interessiert die Jungen gar nicht. Sie können sich mit ihnen nicht über Dichter und Musiker unterhalten, die ihnen viel bedeuten. Theater und Oper und Konzerte, eine Welt, in der sie sich auskennen und die sie immer geliebt haben, sind für die Jungen eine fremde Welt.

Was sie sich an Wissen angeeignet haben, können sie ihnen nicht mitteilen. So vereinsamen alte Menschen mit ihrem Wissen und ihren Fähigkeiten, die keiner mehr in Anspruch nehmen will.

Auch jetzt passiert Neues

Der Soziologe Franz-Xaver Kaufmann spricht vom Übergang vom dritten ins vierte Lebensalter, der oft mit bleibenden Behinderungen einhergeht. Von manchem muss man sich jetzt abrupt verabschieden, und manches verändert sich: Der Lebensrhythmus wird verlangsamt, die Zukunftsperspektive wird enger und das Naheliegende, die nähere Umgebung, wird wichtiger. Und doch: Auch hier passiert Neues. „Wir altern nicht mit Jahren, sondern sind jeden Tag neuer", sagt die amerikanische Dichterin Emily Dickinson. Und auch der buddhistische vietnamesische Mönch Thich Nhat Hanh berichtete in hohem Alter im Nachdenken über sein Leben Ähnliches: „Es ist merkwürdig. Jeden Tag wache ich mit einer neuen Einsicht auf, wie ein alter Baum, der neue Blüten hervorbringt." Man wird also nicht nur verbrauchter. Da ist nicht nur ein Umschlag ins Negative – es entsteht auch Neues. Neu meint ja: eine neue Qualität. Man gewinnt, je älter man wird, auch neue Sichtweisen, neues Erleben. Wenn ich selber heute etwa die alten biblischen Texte lese, sehe ich sie neu auf dem Hintergrund dessen, was mir gerade in meinem Alter wichtig ist. Das macht heute mein Leben reicher.

Auch im Alter hält die Suche nach Glück an und die Energie trägt weiter. Und sogar den Ängsten muss man nicht ausweichen. Sie sind nichts Negatives, sondern eine andere, neue Form des Muts zum Leben.

Den Blick nach vorne richten

Es gibt viele alte Menschen, die immer um die vergangenen Verletzungen oder Fehler kreisen. Sie können sich nicht verzeihen, dass sie nicht richtig gelebt haben, dass sie zu kurz gekommen sind im Leben. All das sind letztlich unnütze Gedanken, die uns im Alter nur beschweren. „Jetzt ist der Anfang vom Rest deines Lebens", diese Einstellung ist wichtig. Anstatt mich zu verurteilen oder zu bedauern, richte ich meinen Blick nach vorn. Jetzt, in diesem Augenblick, fange ich neu an, fängt Gott mit mir neu an. Dann zählt das Vergangene nicht mehr. Entscheidend ist der jetzige Augenblick. Dieses Wort zeigt aber auch, dass jeder Augenblick kostbar ist. Auch wenn ich in der Vergangenheit Fehler gemacht habe: Es ist nie zu spät, umzukehren, neu anzufangen. Das ist Hoffnung für uns selber, aber zugleich schenkt es uns auch Hoffnung für die Menschen, die wir begleiten. Auch wenn wir den Eindruck haben, dass sie ihren Tod verdrängen oder dass sie sich Gott gegenüber verschließen, so dürfen wir doch vertrauen, dass noch der letzte Augenblick für sie der Anfang eines neuen Lebens sein kann.

....

„Wir machen in jedem Alter immer noch
gerade unsere ersten Schritte. Wir haben
immer, egal wie alt wir sind, unser
Potential noch nicht ausgeschöpft.
Wir haben auch im hohen Alter noch nicht
einmal richtig angefangen."

(Ruth Pfau)

....

Eine neue Lebensstufe, mit neuer Hoffnung

Ein ehemaliger Unternehmer, heute über 75, sagt: „Ich habe lange und mit Erfolg eine Fabrik geleitet. Jetzt kümmere ich mich um meinen Garten. Wenn ich jetzt das Unkraut jäte, mich mit den Maulwürfen im Garten herumschlage oder die Äste meiner Apfelbäume schneide, denke ich zwar auch manchmal: Ich könnte eigentlich Wichtigeres leisten. Aber warum soll das, was ich jetzt tue, eigentlich weniger wert sein? Vieles, was wichtig war, ist jetzt einfach nicht mehr wichtig – für mich. Punkt."

Auch wenn eine aktive Phase beendet ist: Es gibt immer auch Neues zu erfahren und zu erleben, Neues zu lernen und zu entdecken: an sich selbst, an den Menschen seiner Umgebung und in der Welt. Leben heißt immer: Anfangen. Jeden Tag. Auch im Kleinen, im Alltag kann die Herausforderung liegen. Die Lepraärztin Ruth Pfau, die mit 83 noch ein ganz neues Projekt anfing und in Pakistan ein Hilfswerk für Behinderte aufbaute, ist in ihrer Tatkraft sicher nicht von jedem nachzuahmen. Aber sie hat grundsätzlich recht, wenn sie ihre eigene Erfahrung so zusammenfasst: „Wir machen in jedem Alter immer noch gerade unsere ersten Schritte. Wir haben immer, egal wie alt wir sind, unser Potential noch nicht ausgeschöpft. Wir haben auch im hohen Alter noch nicht einmal richtig angefangen."

Auch wenn die Kräfte eingeschränkt sind, gibt es die Möglichkeit, sich auf das Neue einzulassen, das jeder Augenblick für uns parat hat: im Hören, Sehen, Riechen, im Wahrnehmen mit allen Sinnen. So erzählte die 90-jährige Ilse Schunk in einem Gespräch mit der Zeitschrift „einfach leben", wie sehr es ihr hilft, das Schöne wahrzunehmen, auch wenn sie nicht mehr so mobil sein kann wie früher: „Ich freue mich, wenn ich jetzt aus dem Fenster sehe und die Spatzen beobachte, die sich im Busch tummeln und fröhlich streiten. Mir genügt das Fenster. Der Blick aus dem Fenster ist eine Art, die Welt ins Haus zu holen. Die Eibe vor meinem Fenster sah bis vor kurzem aus wie ein Reisigbesen, so in sich zusammengedrückt. Ich hatte sie schon abgeschrieben. Aber dann kamen nach dem Regen plötzlich die grünen zierlichen neuen Blättchen. Und jetzt ist sie wieder richtig breitgefächert, voller Leben. Da fällt mir eine Zeile ein: ‚Manchmal spricht ein Baum mir Mut zu.' Von Rose Ausländer."

Sie ist einverstanden. Das gibt ihr innere Freiheit. Und daraus zieht sie die Kraft, dankbar zu sein.

Helfen und sich helfen lassen

Natürlich kann höheres Alter auch eine Zeit sozialer und emotionaler Verluste sein: wenn wir die Erfahrung machen, dass immer mehr Menschen sterben, die uns nahestanden und wenn wir erfahren, dass wir selber verletzlicher werden und vielleicht immer mehr auf die Hilfe und die Sorge anderer angewiesen sind. Aber auch das ist nicht alles.

„Helfen und sich helfen lassen", das ist der zentrale Grundsatz für den inzwischen 82-jährigen Franz Müntefering, der sich bis zum 81. Lebensjahr noch politisch als Präsident für den Arbeiter-Samariterbund engagierte. Er sagte in einem Interview auf die Frage, was der eigentlich rote Faden in seinem Leben sei: „Nächstenliebe. Einander trauen, einander helfen und sich helfen lassen. Das ist es, was Menschen brauchen. Wozu sie aber auch bereit sein müssen. Wir sind nicht allmächtig. Wir sind alle auf andere angewiesen. Alle." Das ist seine Einsicht im Alter. (einfach leben, 1, 2020)

Und nicht nur seine. Die Tochter des Politikers Hans-Jochen Vogel, der die letzten Jahre seines Lebens in einem Seniorenwohnheim in München verbrachte, erzählte bei einer Gedenkveranstaltung, dass es ihrem Vater auch in der Zeit großer Hinfälligkeit wichtig war, nicht nur die Dienste und Hilfen des Pflegepersonals anzunehmen. Er wollte auch in dieser Situation etwas zurückgeben. Und da unter dem Pflegepersonal auch manche Ausländer waren, die sich mit der deutschen Sprache schwertaten, gab er ihnen eben Sprachunterricht, übte zum Beispiel mit ihnen Grammatik: „… *Das* Haus. *Des* Hauses. *Dem* Haus. *Die* Häuser … Und so weiter." Auch wenn man ihn zeitlebens manchmal als Oberlehrer belächelte – er blieb in seiner Schwäche seiner Stärke treu: auf andere zuzugehen, sie mit seinen menschlichen Mitteln und Möglichkeiten zu unterstützen, wo er, der lange Jahre im Rollstuhl saß, selber Unterstützung brauchte. Er war überzeugt: In jeder Situation kann man etwas geben. Praktizierte Dankbarkeit.

Zu den wichtigen positiven Erfahrungen gehört ja, wenn wir erleben, dass andere uns helfen und wir diese Hilfe annehmen dürfen und dafür auch dankbar sein dürfen. Und dass wir, wenn auch in bescheidenerem Rahmen, auch für andere Sorge tragen können, uns ihnen zuwenden, unsere Erfahrungen weitergeben dürfen. In unserer Erfahrung von Verlust und Verletzlichkeit wird schließlich etwas deutlich, was nicht nur für uns individuell zutrifft. In dem, was jetzt stärker ins Zentrum tritt, wird vielmehr deutlich, was alle betrifft: grundsätzliche Verwundbarkeit. Das Alter stellt also nicht nur an uns als alte Menschen die Frage: Wer sind wir eigentlich? Wer sind wir im Kern, wenn wir schwächer werden? Wenn wir unsere Funktionen verlieren und gesellschaftlich-ökonomisch nicht mehr so produktiv sind wie früher? Was lassen wir los? Und in welchem Bewusstsein gehen wir weiter? Jeder kann – und darf darauf für sich Antwort geben.

Wahre Freiheit

Es gibt im Alter Verlusterfahrungen, aber auch die Chance inneren Wachstums. Auch wenn Verletzlichkeit jetzt größer und damit auch äußere Freiheit im Alter möglicherweise abnimmt: Die Freiheit als innere Haltung kann sogar wachsen. Die Möglichkeiten, die mir noch zur Verfügung stehen, werden weniger. Das muss ich so akzeptieren. Und manchmal wird das Ja dazu nur über einen Prozess des Betrauerns entstehen. Aber wenn ich durch das Betrauern in den inneren Raum meiner Seele gelange, kann ich dort in meinem Inneren die wahre Freiheit finden. Die besteht in der Erfahrung, frei zu sein von den Erwartungen und Urteilen anderer, frei von dem Druck, den ich mir oft genug selber gemacht habe. Ich fühle mich frei, mit mir im Einklang zu leben. Diese Freiheit kann mir niemand nehmen, auch wenn ich vielleicht nach außen nicht mehr viel tun kann. Zu sein, der ich bin: Das ist die wahre Freiheit, die mit dem Alter wächst. Dass die Zeit schrumpft, kann gerade dazu führen, ihre Kostbarkeit zu erfahren.

....

Ich fühle mich frei, mit mir im Einklang
zu leben. Diese Freiheit kann mir niemand
nehmen, auch wenn ich vielleicht nach
außen nicht mehr viel tun kann. Alte Men-
schen sind frei, die zu sein, die sie sind.

....

Erfahrung von Minderung und Schwäche – und Hoffnung auf Vollendung

Abschiede vom Ich

Der jüdische Autor Elie Wiesel hat seinen Roman „Der Vergessene" der Alzheimerkrankheit gewidmet. Darin vergleicht er den Kranken mit einem Buch, aus dem man Tag für Tag ein Blatt herausreißt. Bis am Schluss nur der Einband übrig bleibt. Ein starkes Bild, auch für die Angst, die viele haben – nicht nur vor der Krankheit Demenz: Was bleibt da am Ende? Was ist mit unserer Angst, dass am Ende eine Brücke vom Ich zur Wirklichkeit in den Abgrund stürzt?

Ein Zahnarzt, der seine demenzkranke Frau begleitete und pflegte, meinte nach ihrem Tod: „Der Geist stirbt bei der Alzheimer-Krankheit, aber die Seele lebt bis zum letzten Atemzug." Auch wenn ein solcher kranker Mensch sich vom Geist und vom Ich, das die Person prägt, immer mehr verabschiedet: Etwas vom Geheimnis des Menschen, das Innerste, die Seele, lebt bis zuletzt.

Dass man im Alter immer häufiger die Namen von Menschen vergisst, ist normal. Doch manche bekommen Angst, wenn sie ihre Vergesslichkeit spüren, es könnten die ersten Anzeichen von Demenz sein. Für den alten Menschen, der wahrnimmt, dass er immer mehr vergisst und öfter emotional unangemessen reagiert, ist es schwer, sich von seiner geistigen Wachheit zu verabschieden. Er möchte es am liebsten nicht wahrhaben.

Ein früher sehr dynamischer Unternehmer und auch künstlerisch begabter, schöpferischer Mensch, der mit über 85 Jahren neben anderen gesundheitlichen Einschränkungen und Belastungen an Parkinson erkrankte, verlor allmählich seine kreativen Fähigkeiten. Es wurde schwieriger, Texte zu verfassen. Und dann ließ er es. Seine Tochter sagte traurig: „Er verabschiedet sich von seinen Fähigkeiten." Und bei einem der mühsam werdenden Spaziergänge blieb er plötzlich stehen und sagte, mehr zu sich als zu seiner Partnerin: „Ich bin ein Gewesener."

Im Alter erhält nicht nur der Abschied, sondern auch das Ankommen noch eine andere Dimension. Wir dürfen vertrauen, dass wir für immer bei uns und bei Gott ankommen werden, wenn Gott im Tod zu uns kommt. Dann kommt alles in uns zur Vollendung. Wir sind für immer angekommen, daheim.

Ein rätselhafter Satz. Wollte er sagen: „Ich bin doch und trotz allem der, der ich einmal gewesen bin."? Oder war es resignatives Eingeständnis: „Was einmal war, ist vorbei. Und ich akzeptiere das."?

Wer bin ich? Woher definiere ich mich? Definiere ich mich nur von meinen Fähigkeiten oder aber von Gott her? Wenn ich mich von Gott her definiere, dann kann mir auch eine Demenz meine wahre Würde nicht nehmen. Sie nimmt mir nur das Ego: Das Ego, das alles in der Hand behalten möchte, das immer gut vor anderen dastehen möchte, und das vielleicht auch geglänzt hat, wird zerbrochen. Und ich kann hoffen, dass durch dieses Zerbrechen meine Person ganz und gar aufgebrochen wird für Gott, dass durch die Schwäche meiner Person hindurch doch etwas in diese Welt hineinleuchtet, was nicht von dieser Welt ist.

Welche letzte Hoffnung haben wir,
auch als Gläubige?

Als die alte Mutter von Karl Rahner starb, gestalteten ihre Kinder ein Sterbebild, auf dem, in ihrer Handschrift, ein Gebet faksimiliert wiedergegeben war, von Teilhard de Chardin (aus: Der göttliche Bereich) formuliert: ein Gebet, das wohl ihr ganz persönliches Gebet im Zugehen auf den Tod geworden war:

„Nachdem ich Dich als Den erkannt habe, Der mein erhöhtes Ich ist, lass mich, wenn meine Stunde gekommen ist, Dich unter der Gestalt jeder fremden oder feindlichen Macht wiedererkennen, die mich zerstören oder verdrängen will. Wenn sich an meinem Körper oder meinem Geist die Abnützung des Alters zu zeigen beginnt; wenn das Übel, das mich mindert oder wegrafft, mich von außen überfällt oder in mir entsteht; im schmerzlichen Augenblick, wo es mir plötzlich zum Bewusstsein kommt, dass ich krank bin und alt werde; besonders in jenem letzten Augenblick, wo ich fühle, dass ich mir selbst entfliehe, ganz ohnmächtig in den Händen der großen unbekannten Mächte, die mich gebildet haben; in all diesen düsteren Stunden lass mich, Herr, verstehen, dass Du es bist, Der – sofern mein Glaube groß genug ist – unter Schmerzen die Fasern meines Seins zur Seite schiebst, um bis zum Mark meines Wesens einzudringen und mich in Dich hineinzuziehen."

Was etwas Negatives, eine Leere, Trennung ist, wird in diesem Verständnis Fülle und Einheit in Gott. Das Mindern wird in diesem Glauben zu einer Triebfeder der Belebung, neuen, größeren Lebens.

Der über 90-jährige Soziologe Franz-Xaver Kaufmann, befragt, wie er denn in einer Situation deutlicher werdender Gebrechlichkeit mit dieser letzten Frage umgeht, antwortet: „Wenn wir an der Existenz eines Erlösergottes festhalten, zu dem sich unser Ich – was die Altvordern als ‚Seele‘ bezeichneten – in einer den Tod übergreifenden Weise verhält, so erscheint es mir am plausibelsten, dass im Sterben ein Nu der Begegnung oder der Schau Gottes sich ereignet, in dem das Ich in Seiner Herrlichkeit verglüht." „Allerdings", so fügt er hinzu, „wir wissen es nicht: Ignoramus et ignorabimus!" (in: Älterwerden – wie geht das?)

Vor dem dunklen Tor des Todes stehen wir Menschen als Unwissende. Wir wissen es nicht, und haben keine Sicherheit. Aber Hoffnung. Karl Rahner kommt einmal darauf zu sprechen, dass wir uns auf den letzten Abschied nicht mit Sicherheit vorbereiten können. Es könnte ja auch ganz anders ein. Und trotzdem gibt der Glaube Hoffnung: Man kann „in einen Zustand hinabstürzen, in dem man einfach nicht mehr kann, wie man – angeblich – sollte, dann hat einem der ewige Gott in seiner Liebe schon sanft alle Verantwortung für sein Leben abgenommen."

Altsein heißt also auch, Abschied nehmen von der Vorstellung, dass ich mein Leben in der Hand habe bis zum Schluss. Und Gelassensein auch in dieser Situation heißt dann für mich: Ich überlasse das alles Gott: „Dein Wille geschehe!"

Das meint: Wir sollen uns auf ein gutes Sterben vorbereiten. Aber wie dann das Alter und das Sterben auf uns zukommt, das liegt nicht mehr in unserer Hand. Es liegt auch nicht in unserer Hand, ob wir vorher dement werden oder aus anderen Gründen nicht mehr über uns verfügen können. Rahner schreibt zu dieser Situation: „Zur Aufgabe des Alters gehört es, rechtzeitig diese unbekannt auf uns zukommende Situation des Alters und des Todes anzunehmen und zu wissen: Alles kann Gnade sein, auch dann, wenn wir nur noch die hilflos Besiegten sind."

Aber auch das kann noch Gnade sein: Gott nimmt uns in seiner Gnade die Verantwortung über uns. Er nimmt uns schon hinein in die Unbegreiflichkeit seiner Liebe, in der wir auch noch in unserer letzten Schwäche geborgen sind.

Gelassensein heißt: Ich überlasse alles Gott

Altsein heißt auch, Abschied nehmen von der Vorstellung, dass ich mein Leben in der Hand habe bis zum Schluss. Und Gelassensein, auch in dieser Situation, heißt dann für mich: Ich überlasse das alles Gott: „Dein Wille geschehe!" Natürlich muss ich auch damit rechnen, dass es eine Zeit geben kann, in der ich nicht mehr Herr über mich selber bin, sondern auf andere angewiesen bin. Auch das überlasse ich Gott.

Im Alter erhält nicht nur der Abschied, sondern auch das Ankommen noch eine andere Dimension. Im Alter sind wir an der Schwelle des Todes angekommen, die uns in das reine Sein, in die reine Gegenwart hineinführt. Wir sind am Ziel unseres Lebens angekommen.

Manchmal haben wir, wenn wir auf unser Leben schauen, den Eindruck, dass wir noch längst nicht bei uns selbst angekommen sind. Wir hängen immer noch an unserem Ego, an unseren vergangenen Verletzungen, an unserem Besitz, an den Menschen. Manche bekommen Angst, sie würden nie bei sich ankommen. Da ist es eine tröstliche Botschaft, dass wir das Ankommen letztlich gar nicht selber vollziehen müssen. Wir müssen uns nicht ständig fragen, ob wir schon an unserem Ziel, bei unserem wahren Selbst angekommen sind. Wir dürfen vertrauen, dass wir für immer bei uns und bei Gott ankommen werden, wenn Gott im Tod zu uns kommt. Dann kommt alles in uns zur Vollendung. Wir sind für immer angekommen, daheim.

Meine Lebenszeit ist begrenzt und findet Vollendung im Tod – aber auch das ist Verwandlung. Die Zeit hört auf, aber nicht die Wirklichkeit. Diese Wirklichkeit wird eine andere Dimension haben. Ich überlasse alles Gott.

....

In der christlichen Tradition gibt es viele Einladungen, an den eigenen Tod zu denken. In jeder Eucharistiefeier feiern wir Tod und Auferstehung Jesu. Wir werden an den eigenen Tod erinnert, aber zugleich auch an die Überwindung des Todes in der Auferstehung. Viele alte Menschen beten gerne den Rosenkranz. Da werden immer wieder die Worte meditiert: „Heilige Maria, Mutter Gottes, bitte für uns Sünder, jetzt und in der Stunde unseres Todes. Amen." Für viele ist das eine Einübung in das Sterben: Im Tod sterben wir in die mütterlichen Arme Gottes. Diese Vorstellung kann uns die Angst vor dem Tod nehmen.

....

Wenn es ans Sterben geht: Warum Abschiede wichtig sind, was sie schwierig macht und wie sie gelingen

Todesanzeigen und Erinnerungen

Von vielen Menschen höre ich, dass sie in der Tageszeitung zuerst die Todesanzeigen lesen. Für die einen stärkt das vielleicht das Gefühl „noch lebe ich". Für andere ist es die Ahnung von „memento mori", wenn sie Gleichaltrige oder Jüngere unter den Verstorbenen sehen. Im Kloster haben wir jeden Tag eine Liste mit den Sterbedaten von Mitbrüdern – für uns alle eine ständige Erinnerung nicht nur an die Verstorbenen, sondern auch eine Gelegenheit, über die eigene Endlichkeit nachzudenken. Aber auch die eigene Erfahrung rückt den Tod näher an uns heran. Menschen, die uns nahestehen, auch die eigene Familie ist betroffen. Meine Schwägerin ist kürzlich gestorben, und dass weitere Sterbefälle in unserer Generation bevorstehen, damit muss man rechnen. Auch mit dem eigenen Tod. In unserem Alter kann schnell etwas passieren.

Die vielen kleinen Abschiede im Leben müssen wir als Einübung in den großen Abschied des Sterbens verstehen und akzeptieren. Auch wenn wir Abschied nehmen von Verstorbenen, üben wir uns ein in den eigenen Abschied, der immer wieder von uns gefordert wird: den Abschied von Menschen, den Abschied von vergangenen Lebensgewohnheiten, von Gefühlen der Vergangenheit und letztlich den Abschied vom eigenen Leben.

Generell sollte ich mich nicht erst im Alter auf den endgültigen Abschied vorbereiten. Der Abschied betrifft jeden, im

Blick auf das eigene Ende. Wie wir ihn erfahren oder selber leben, hängt immer auch von der Situation ab, in der wir uns befinden.

Eine innere Notwendigkeit

Jeder, der mit der konkreten Möglichkeit des Sterbens – etwa durch die Diagnose einer schweren Krankheit – konfrontiert ist, steht vor dieser Notwendigkeit. Davon erzählt der jüdische Autor Elie Wiesel. Er sollte vor einer notwendig gewordenen, aber lebensbedrohlichen Herzoperation eine Narkose erhalten. Später schrieb er auf, wie er das wahrnahm und was in ihm vorging: Als der Anästhesist sagt: „Wir sind bereit", ist Elie Wiesel es auch. Aber als dann die konkrete Aufforderung kommt: „Können Sie bis zehn zählen?", gerät er in Panik, bei dem plötzlichen Gefühl, möglicherweise nie wieder aufzuwachen. Er schildert es so:

„Noch nicht. Geben Sie mir noch eine Minute. Ich bitte Sie. Eine einzige Minute.' Eine unwirkliche Stille tritt ein. ‚Warum denn?'

Mit Sicherheit wundern sie sich. Ich antworte nicht. Soll ich ihnen sagen, dass ein gläubiger Jude, dem die Zeit fehlt, sich richtig vorzubereiten, bevor er seine Seele aushaucht, wenigstens ein kurzes Gebet – eine Art Glaubensbekenntnis – sprechen sollte, das er seit seiner Wiege kennt? Viel zu kompliziert. Soll ich ihnen erzählen, dass unzählige Opfer, Märtyrer und Sterbende eben dieses Gebet gesprochen haben, bevor sie für immer ihre Augen schlossen?

Ich kann es nicht. Ich spreche es für mich: ‚Schema Israel, höre Israel, adoshem elohenu, Gott ist unser Gott, adoshem echad, Gott ist einzig.'

‚Jetzt gehöre ich Ihnen', sage ich mit schwacher Stimme.
‚Zählen Sie bis zehn.'
Ich denke, ich habe früher aufgehört."
(Aus: Elie Wiesel, Mit offenem Herzen, Kap. 18)

Wenn wir nicht Abschied nehmen konnten

Nicht nur im Blick auf das eigene Ende: Es gilt Abschied zu
nehmen auch von anderen Menschen, die wirklich „gehen".
Und es tut besonders weh, wenn wir von einem Menschen
bei seinem Tod nicht Abschied nehmen können.

Eine Frau berichtet mir, dass ihr Mann, noch keine 45 Jahre,
plötzlich an einem Herzinfarkt gestorben ist. Keiner hatte
das vorausgesehen. Ein Suizid stellt vor eine ähnliche Situation: Eine Frau ging zum Einkaufen.
Als sie zurückkam, hatte sich ihr
Mann daheim erhängt. Und ein Vater erzählte mir von seinem Sohn,
der mit 20 Jahren bei einem Auto-
unfall tödlich verunglückte. Auch
da war kein Abschied möglich.

*Wenn ein Mensch von mir
weggerissen wird, bleibt
eine Wunde. Viele versu-
chen daher, dem Abschied
aus dem Weg zu gehen.
Sie schauen ihm nicht ins
Auge. Doch dann holt sie
der übersprungene Abschied
nach dem Tod des geliebten
Menschen ein. Abschied ist
unausweichlich.*

Eine andere Frau erzählt: Sie war
mit ihrem Mann beim Abendessen.
Man sprach über dieses und jenes.
Dann trennte man sich, jeder ging
in sein Zimmer. Er wollte noch an
seinem PC arbeiten, sie einer anderen Beschäftigung nachge-
hen. Dabei hörte sie leichte Musik. Nach einiger Zeit plötzlich ein Knall, ein kurzer heftiger Schlag aus dem Nachbar-
zimmer. Sie stürzte hinüber und fand ihren Mann bewusstlos

am Boden liegend, blutend. Ein plötzlicher Infarkt. Der Notarzt konnte nur noch den Tod feststellen. Das war das Schlimmste für sie, dass es keine Verabschiedung gab, dass manches zwischen ihnen ungelöst geblieben war. Sie suchte dann den Kontakt mit Menschen, denen das Gleiche passiert war: plötzlicher Tod ohne Abschied. Jahrelang war dies der große Schmerz.

Wenn man beim Sterben nicht Abschied nehmen konnte, so kann der Abschied immer auch in anderer Weise vollzogen werden. Auch, aber nicht nur, am Grab kann man noch bewusst Abschied nehmen.

Eine Frau erzählte mir, dass ihr Mann im Krankenhaus plötzlich gestorben ist, ohne dass man – nach einer gut verlaufenen OP – damit hätte rechnen können. Sie machte sich nun Vorwürfe, dass sie den Zeitpunkt seines Todes verpasst hatte und sie keinen Abschied voneinander nehmen konnten. Das tut weh. Natürlich wäre es schön gewesen, wenn sie mit ihrem Mann nochmals in aller Ruhe ihren gemeinsamen Weg bedacht und einander gedankt hätten für alles, was der eine dem anderen geschenkt und was er ihm bedeutet hat. Aber ganz gleich, ob sie es hätte wissen können, dass es mit ihm zu Ende geht, oder nicht: Es ist so, wie es ist. Sie kann das Vergangene nicht rückgängig machen. Aber sie kann jetzt immer noch bewusst Abschied nehmen.

Möglichkeiten, die bleiben

Ich habe dieser Frau also geraten: „Schreiben Sie Ihrem Mann einen Brief, in dem Sie ihm alles sagen, was ungesagt geblieben ist: was Sie an ihm geschätzt haben, was er Ihnen bedeutet hat und was Sie ihm wünschen. Und dann schreiben Sie auch einen Brief von Ihrem Mann an sich selbst. Überlegen Sie nicht im Kopf, was Sie da schreiben sollen, sondern lassen Sie einfach Ihre Hand schreiben, was von alleine kommt. Und dann bewahren Sie beide Briefe auf. Dann hören Sie auf, sich Vorwürfe zu machen. Sie sind dankbar für die Worte, die Sie Ihrem Mann geschrieben haben, und für die Worte, die Ihr Mann Ihnen geschrieben hat – auch wenn es natürlich Ihre eigenen Worte sind. Aber dennoch sind Ihre Worte aus einer Tiefe herausgeströmt, in der Ihr Mann selbst Ihnen diese Worte eingegeben hat."

Natürlich ist auch solches Schreiben vom Schmerz begleitet und oft ist es tränenreich. Aber zugleich gibt es Trost. Und man hat den Eindruck, doch noch auf eine gute Weise Abschied genommen zu haben.

Diese Art von Abschied befreit von den Schuldgefühlen, die gerade dann oft entstehen, wenn der Tod so plötzlich eingetreten ist. Vielleicht war das letzte Gespräch mit dem Sohn, der tödlich verunglückte, nicht sehr freundlich. Und natürlich möchte man ein Streitgespräch am liebsten rückgängig machen. Aber es ist so, wie es ist. Das kann man nicht mehr ändern. Ich versuche in einer solchen Situation den Trauernden zu vermitteln, dass der Verstorbene ihnen keinen Vorwurf macht: „Er ist jetzt in Frieden. Er sieht weiter. Er möchte, dass Sie jetzt gut leben, dass Sie auch im Frieden mit ihm leben und dass Sie an seine Liebe glauben, die er Ihnen vom Himmel aus erweisen möchte."

Ein Arzt erzählte mir, dass die Angehörigen eines Schwerkranken ihm manchmal geradezu befehlen, er solle dem Kranken keinesfalls die Wahrheit sagen. Sie selber reden dann nur sehr oberflächlich mit dem Kranken über das Wetter oder über das, was daheim so los ist. Sie übergehen den

Abschied. Doch wenn dann der Kranke gestorben ist, spüren sie, dass sie etwas Wesentliches versäumt haben. Sie haben versäumt, Abschied zu nehmen, dem Sterbenden zu danken für das, was er ihnen geschenkt oder bedeutet hat. Sie haben versäumt, über das zu sprechen, was sie ihm schon lange einmal sagen wollten, aber sich nie getraut haben. Sie haben ihm ihre Gefühle nicht zu zeigen vermocht. Und sie haben damit auch dem Kranken die Möglichkeit genommen, sich seinerseits zu verabschieden. Denn wenn die Angehörigen nur oberflächlich reden, hat auch der Kranke nicht den Mut, über das zu sprechen, was ihn wirklich bewegt. Allerdings braucht es auch die Sensibilität für den Sterbenden. Manchmal braucht es nur das schweigende Dasitzen und Handhalten. Wenn Angehörige ständig reden, dann stören sie den Sterbenden auf seinem einsamen Weg durch das Tor des Todes. Sie sollen bei ihm sein, aber so, dass er in ihrer Gegenwart gut schweigend das Tor des Todes durchschreiten kann.

Und wenn der Sterbende nicht bereit zum Abschied ist?

Bewusst Abschied voneinander zu nehmen, ist das Idealbild für die Begleitung Sterbender. Aber in der Realität gelingt es nicht immer in dieser Weise. Wie können wir Abschied nehmen, wenn der Sterbende noch nicht bereit ist, zu gehen oder den Tod zu akzeptieren? Denn auch solche Geschichten hört man: Eine krebskranke Frau, 60 Jahre alt, erträgt die gequälten Gesichter ihrer Kinder nicht und erbittet den Besuch einer Verwandten, von der sie weiß, dass sie es gelassener nimmt. Sie spricht noch mit ihr, dreht sich dann zur Wand und stirbt.

Oder ein alter Mann, der den bevorstehenden hohen Geburtstag und das „Drumherum" fürchtet – er stirbt am Tag vor dem Termin. Auch das müssten wir akzeptieren.

Es kommt immer wieder einmal vor, dass ein Todkranker nichts vom Sterben wissen will, jeden Gesprächsversuch in dieser Richtung abwehrt. Manche wollen sich nicht bewusst mit dem Tod auseinandersetzen und setzen alle Kraft und alle Hoffnung ein, um gesund zu werden und noch weiterzuleben. Auch das sollten wir respektieren und den Kranken nicht bedrängen. Wir selber können aber trotzdem von ihm auf unsere Weise Abschied nehmen. Wir brauchen dabei nicht von seinem Tod zu sprechen. Aber wir können bei jedem Besuch unseren Dank sagen für das, was der Kranke uns bedeutet. Wir sagen ihm Worte der Liebe. Wir erzählen uns gegenseitig, was uns wichtig war an den gemeinsamen Begegnungen und Gesprächen. Wir halten ihm die Hand. Wir lassen ihn spüren, wie gerne wir ihn haben und wie sehr wir ihn schätzen. Dann haben wir ein gutes Gefühl, wenn der andere stirbt. Wir haben auf unsere Weise und im Rahmen der Möglichkeit Abschied genommen. Und wir dürfen darauf vertrauen, dass unsere intimen Worte den anderen in der Tiefe seiner Seele berühren und dass sie auch in ihm eine Auseinandersetzung mit dem eigenen Sterben auslösen, auch wenn er darüber nicht sprechen kann oder nicht sprechen will.

Wenn Schuldgefühle bleiben

Aber auch wenn die Frau den krebskranken Mann oder der Mann die krebskranke Frau liebevoll gepflegt hat, auch wenn es gute intensive Gespräche vor dem Tod gab, tauchen doch bei jedem Tod Schuldgefühle auf: Ich habe versäumt, ihm noch deutlicher meine Liebe zu zeigen. Ich habe versäumt, über die und jene Themen zu sprechen. Bei einem Abschied können auch Schuldgefühle zurückbleiben. Uns fällt ein, dass wir in unseren Gesprächen oft nicht so freundlich waren, dass wir manchmal negative Gefühle dem Sterbenden gegenüber hatten. Doch wir dürfen all diese Gefühle, die da in uns auftauchen, Gott hinhalten, dass Gottes Liebe die Schuldgefühle auflöst und uns mit dem Selbstvorwurf, wir hätten so viel versäumt, aussöhnt. Und wir sollten jetzt Verbindung mit dem Verstorbenen aufnehmen und ihn fragen, was er uns jetzt sagen möchte.

Wenn man beim Sterben nicht Abschied nehmen konnte, so kann der Abschied immer auch in anderer Weise vollzogen werden. Auch, aber nicht nur, am Grab kann man noch bewusst Abschied nehmen.

Manchmal wollen vor allem sehr alte und leidende Menschen sterben. Eine Frau erzählte mir: „Immer wenn ich meine alte kranke Mutter besuche, sagt sie: ‚Ich will sterben. Ich will nicht mehr leben.' Mir tut es aber so weh, sie gehen lasse zu müssen. Wie soll ich auf diese Worte reagieren?"

Ich habe ihr empfohlen, nicht sofort gegen die Worte ihrer Mutter zu sprechen, sondern erst einmal zu würdigen, dass sie unter ihrem Zustand leidet. Sie könnte stattdessen fragen: „Warum möchtest du nicht mehr leben?" Vielleicht sagt sie: „Es ist nicht mehr schön zu leben. Ich falle euch allen nur zur Last." Dann kann die Antwort sein: „Wir pflegen dich gerne. Für uns bist du wichtig. Wir sind gerne bei dir." Ich kann ihr auch sagen: „Ja ich verstehe, dass du gerne sterben möchtest. Aber jetzt lebst du noch. Was ist jetzt für dich wichtig?"

Natürlich ist es nicht so leicht, einen alten Menschen, der sterben will, von diesem Gedanken abzuhalten. Es geht auch nicht darum, die Worte der Mutter zu bewerten. Die Haltung der Mutter kann sich wandeln. Und sie kann spüren, dass die Zeit, die sie noch leben kann, zu einer wertvollen Zeit werden kann.

Sterbende, die beim Abschied führen und anleiten

Manchmal sind auch die Sterbenden diejenigen, die uns in diesem Prozess führen und anleiten. Wie auch in einer solchen Situation der Abschied gelingen kann, welche persönliche Stärke er voraussetzt und wie befreiend er wirken kann, erzählt uns eine Frau, die ein sehr inniges Verhältnis zu ihrer Mutter hatte: „Ich habe den Tod von zwei Geschwistern erlebt, die jung starben, es war herzzerreißend, für uns alle, vor allem für meine Mutter. Aber als sie selber starb, habe ich eine ganz andere Erfahrung gemacht. Meiner Mutter war ich immer sehr nahe gewesen. In der Zeit meines Studiums hatte ich mit ihr in einer Wohnung gelebt. Sie starb im Alter von 93 Jahren, im Vollbesitz ihrer geistigen Fähigkeiten, körperlich freilich schwach und erschöpft. Sie hatte nicht einmal mehr die Kraft, das Kleidungsstück zu halten, das sie zum Nähen auf ihren Knien hatte. So verbrachte sie ein Jahr, ein Jahr, in dem wir von Zeit zu Zeit ins Krankenhaus mussten. Eingebrannt in mein Gedächtnis hat sich das Gespräch mit ihr in der Klinik, in die sie zwei Monate vor ihrem Tod kam, es war am 8. Dezember, am 16. Februar war ihr Todestag. Ich erinnere mich an jedes Wort, das sie sagte: ‚Meine Tochter, hör mir jetzt zu. Bevor deine Brüder kommen, möchte ich mit dir reden, und ich bitte dich, mich nicht zu unterbrechen oder zu weinen. Ich muss dir Folgendes sagen: Ich bin jetzt sehr alt. Wir waren uns sehr nahe, sehr nahe, und ich hatte mit dir ein schönes Leben. Mein Leben war sehr lang und sehr hart und jetzt bin ich sehr müde. Ich möchte mich ausruhen, ich brauche es. Der einzige Kummer, den ich habe, ist, dass du sehr leiden wirst und ich nicht will, dass du es tust. Du hast deinen Mann, deine Kinder und du bist nicht allein … lass mich in Ruhe gehen. Es ist für mich notwendig. Es ist das, was ich brauche …"

Welch ein Abschied! Die Tochter wird hier zur Begleiterin in dem Prozess, indem sie der Aufforderung folgt, ihn zu akzeptieren. Sie ist selber getröstet, indem sie hinhört, dem Raum gibt, was der Sterbenden am Herzen liegt und was sie ihr, der Zurückbleibenden, auf den Lebensweg mitgibt: Es sind Worte der Gelassenheit, was ihre eigene Situation angeht, und Worte der Liebe und Fürsorge, des Segens und der Weisung für die, die noch in der Zeit ist und zurückbleibt.

Lebenskunst – gelernt im Angesicht des Todes

Abschied ist also eine Kunst, die man auch im Angesicht des Todes lernen kann. Wenn ein Mensch von mir weggerissen wird, bleibt eine Wunde. Viele versuchen daher, dem Abschied aus dem Weg zu gehen. Sie sehen ihm nicht ins Auge. Doch dann holt sie der übersprungene Abschied nach dem Tod des geliebten Menschen ein. Abschied ist unausweichlich. Der Abschied, den wir von einem Sterbenden nehmen, erinnert uns auch immer an die vielen Abschiede, die wir im Leben erlitten haben. Da war der Abschied von den Großeltern, von den Eltern, von lieben Freunden. Da war auch der Abschied von der Kindheit, von der Jugend, der Abschied

aus der Heimat. Oft genug erzeugen Abschiede Verlassen-
heitsängste. Wer sich als Kind verlassen fühlte, der möchte
jeden Abschied verdrängen. Denn er erinnert ihn wieder
an die Urverlassenheit, die er als Kind erlebt hat. Und doch
müssen wir die vielen kleinen Abschiede als Einübung in den
großen Abschied des Sterbens verstehen und akzeptieren.
Auch wenn wir Abschied nehmen von Verstorbenen, üben
wir uns also ein in den eigenen Abschied, der immer wieder
von uns gefordert wird und ein Weg in die Freiheit sein kann:
den Abschied von Menschen, den Abschied von vergangenen
Lebensgewohnheiten, von Gefühlen der Vergangenheit und
letztlich den Abschied vom eigenen Leben.

In der Trauer um den Tod geliebter Menschen – Rituale, die tragen

Wirklichkeit und Wünsche

Jedes Jahr sterben in Deutschland 960 000 Menschen, das sind 80 000 Tote im Monat, 20 000 in der Woche, 2800 am Tag, 118 Verstorbene in der Stunde, zwei Menschen pro Minute. So vielfältig die Menschen und ihr Leben waren, so unterschiedlich sind jeweils die Wege des Trauerns nach dem Tod eines geliebten Menschen und auch die Bedürfnisse in dieser Situation. Der Wunsch nach Begleitung und Trost in dieser schweren Situation aber ist wohl allgemein. Wie geht das, wenn uns der Tod besonders nahegeht: Loslassen und Weitergehen? Und was hilft dabei?

Viele Schwerkranke möchten gerne zu Hause sterben. Sie wünschen es sich, im Kreis ihrer Familie zu sterben, nicht allein zu sein. Sie sehnen sich danach, dass liebe Menschen sie begleiten. Aber nicht immer kann der Wunsch erfüllt werden, daheim zu sterben. Und vor allem gibt es immer mehr Sterbende, die keine Angehörigen mehr haben und keine Menschen, die sie begleiten. Manche sterben dann ganz allein. Möglicherweise entdeckt man erst einige Wochen später ihren Tod. Andere Menschen sterben im Pflegeheim. Die heutigen Pflegeheime entwickeln inzwischen eine neue Abschiedskultur. Vor allem die kirchlichen Betreiber der Pflegeheime haben es sich zum Ziel gesetzt, die Sterbenden nicht allein zu lassen, sondern sie zu begleiten und dann nach dem Tod noch Abschied vom Leichnam zu feiern.

Orte guter Begleitung

Ein anderer Ort, an dem Sterbende heute gut begleitet werden, sind die Palliativstationen von Krankenhäusern und die Hospize. Da werden die Menschen von den oft ehrenamtlichen Mitarbeitern des Hospizes begleitet. Auf den Palliativstationen sind es ausgebildete Ärzte und Krankenschwestern, die sich oft liebevoll um den Sterbenden kümmern und ihn vor allem vor Schmerzen bewahren. Auch sie haben eine eigene Abschiedskultur entwickelt. Wenn ein Patient stirbt, dann kommen einige Krankenschwestern und der Seelsorger oder die Seelsorgerin zusammen, laden auch noch Patienten ein, die dazu fähig sind, um vom Toten in einer kleinen Feier Abschied zu nehmen.

Wenn der Kranke daheim stirbt, dann rufen die Angehörigen das Beerdigungsinstitut an. Manchmal holen die den Toten sehr schnell ab, so dass nicht genügend Zeit zum angemessenen Abschiednehmen bleibt. Doch inzwischen hat sich auch die Kultur der Beerdigungsinstitute gewandelt. Sie gehen auf die Wünsche der Hinterbliebenen ein. Sie lassen den Toten auch noch länger in der Wohnung, wenn es gewünscht wird. Und sie öffnen ihre Räume, damit die Angehörigen jederzeit Abschied nehmen können. Natürlich gibt es auch Gegenbeispiele. Und leider auch eine zunehmende Zahl von anonym Sterbenden, um die sich kein Angehöriger kümmert. Aber insgesamt ist doch bei vielen in unserer Gesellschaft ein neues Bewusstsein entstanden: dass ein guter Abschied zur Würde des Verstorbenen gehört.

Christliche Abschiedsrituale

Wenn wir uns in unserem Alltag, etwa vor einer längeren Abwesenheit, von lieben Menschen verabschieden, versprechen wir einander, dass wir uns wiedersehen werden. Freilich ist der Abschied, den ein Tod erfordert, wesentlich radikaler als bei einer Reise in ein noch so fernes Land. Und doch ist er etwas, was uns alle erwartet und irgendwann betrifft. Und wenn er eintritt, dann ist er sehr schmerzhaft. In der kirchlichen Tradition ist es üblich, den Sterbenden bei seinem Abschiednehmen zu stärken durch das Sakrament der Krankensalbung. Früher nannte man es „die letzte Ölung", weil sie meistens kurz vor dem Tod erfolgte. Heute hat das Sakrament der Krankensalbung eine zweifache Bedeutung: einmal die Stärkung des Kranken und die Bitte um seine Heilung, und dann die Salbung des Sterbenden, um ihn für die letzte Reise vorzubereiten. Bei vielen Christen verbindet man das Sakrament immer noch unmittelbar mit dem Tod, so dass viele Christen kurz vor dem Sterben den Pfarrer bitten, die letzte Ölung zu geben.

Gerade in einer so emotional verwirrten Situation wie der Trauer ist das kirchliche Ritual der Beerdigung eine Hilfe, Ordnung in die Emotionen zu bringen und einen festen Halt mitten im Chaos der Gefühle zu schaffen.

Die christliche Tradition kennt das Abschiedsritual der Beerdigung des Verstorbenen. Gerade in so einer emotional verwirrten Situation wie der Trauer ist das kirchliche Ritual der Beerdigung eine Hilfe, Ordnung in die Emotionen zu bringen und einen festen Halt mitten im Chaos der Gefühle zu schaffen.

Das kirchliche Ritual geschieht häufig in einem Requiem, in einer Eucharistiefeier für den Verstorbenen. In der Eucharistiefeier hält der Priester eine Ansprache, in der er den Verstorbenen würdigt und zugleich etwas über das Geheimnis der Auferstehung sagt. Die Eucharistie ist die Feier des Todes und der Auferstehung Jesu. Wir feiern die Eucharistie hier auf Erden als Glaubende, Zweifelnde und Suchende. Unser Glaube sagt, dass die Verstorbenen jetzt im Himmel das ewige Hochzeitsmahl feiern. So verbindet die Eucharistie Himmel und Erde, Lebende und Verstorbene und wir erfahren die Gemeinschaft mit den Verstorbenen.

Dann wird der Verstorbene am Friedhof beerdigt, entweder mit einer Erdbestattung oder mit einer Urnenbeisetzung. Bei der Beerdigung gibt es vorgeformte Gebete. Die vertrauten alten Gebete geben oft Halt. Denn Trauer bedeutet: matt sein, keinen Boden unter den Füßen haben. Das vorgeformte Ritual mit den alten Gebeten gibt uns Anteil an unseren Wurzeln und lässt uns wieder mit beiden Beinen auf dem Boden stehen. Die Gebete, die der Priester bei der Beerdigung spricht, sind angereichert durch die Glaubenserfahrungen vieler Jahrhunderte. Wenn die Menschen, die um das Grab stehen, diese Worte hören, fühlen sie sich innerlich berührt. Es ist etwas Vertrautes mitten in dem unvertrauten Zu-Grabe-Tragen des lieben Verstorbenen. Die vertrauten Worte stützen uns in dieser haltlosen Situation der Beerdigung.

Was tröstet

Zum kirchlichen Ritual kommt dann in der Regel der sogenannte „Leichenschmaus". In der Schweiz heißt diese

Mahlzeit „Abdankung", „Tröster" sagt man in Unterfranken, „Tränenbrot" in Siebenbürgen. Es ist tröstlich, wenn nach der ernsten Feier in der Kirche und am Friedhof die Angehörigen sich zusammensetzen und miteinander essen, gemeinsam Kaffee trinken. Dabei können sie viele Erinnerungen an den Verstorbenen austauschen. Da wird dann oft geweint und gelacht zugleich. Im Miteinander, in der Gemeinschaft, kann man einander Halt geben. Und mit der Zeit wandelt sich die Atmosphäre. Aus einer Atmosphäre der Schwere und der Trauer entwickelt sich auf einmal Leichtigkeit und sogar Fröhlichkeit. Das tut allen gut.

Phasen des Gedenkens

Die kirchlichen Rituale der Trauer und des Abschiedneh-mens kennen traditionell auch unterschiedliche Phasen und Formen der zeitlichen Staffelung. Da gibt es das Sechswo-chenamt. Sechs Wochen nach der Beerdigung hält man in der Kirche nochmals eine Eucharistiefeier, zu der die Ver-wandten und Freunde eingeladen sind. Die sechs Wochen schließen gleichsam die erste Phase der Trauer und des Ab-schiednehmens ab. Interessant ist, dass es diese Zahl der sechs Wochen oder der 40 Tage auch in anderen Religionen und Kulturen gibt. Im Tibetischen Totenbuch betet man 40 Tage nach dem Tod für den Verstorbenen. Das Sechswochen-amt will unsern Blick wandeln: Wir beten nicht mehr für den Verstorbenen, damit sein Übergang in Gottes liebende Hän-de gelingt, sondern wir erfahren im Gebet und vor allem in der Eucharistiefeier die Gemeinschaft mit ihm, integrieren ihn in unser Leben. Das geschieht auch, wenn am Jahrestag des Todes noch einige Jahre nach dem Tod jeweils eine Eucharistiefeier gehalten wird. Dann gehen die Verwandten bewusst in diesen Gottesdienst, um die Gemeinschaft mit der Verstorbenen zu erfahren.

Persönliche Rituale

In der christlichen Tradition gibt es aber auch viele persönliche Rituale, um den Abschied zum Ausdruck zu bringen. Da gibt es den Friedhofsbesuch. Für meinen Bruder war es nach dem Tod seiner Frau wichtig, täglich auf den Friedhof zu gehen, um das Grab etwas zu pflegen. Er meinte, dann spreche er mit seiner Frau, das tue ihm gut. Das Grab zu pflegen ist Ausdruck der Liebe, die stärker ist als der Tod und die über den Tod hinausreicht.

Am Nachmittag von Allerheiligen ist dann allgemeine Gräbersegnung, die meistens ökumenisch gestaltet wird. Da kommen dann viele Angehörige der Verstorbenen zusammen, um auf dem Friedhof eine kleine Feier zu halten und dann die Gräber zu besuchen und länger am Grab der Verwandten stehen zu bleiben.

Dann gibt es Rituale, die viele zu Hause praktizieren. Da steht ein Bild des Verstorbenen auf der Kommode im Wohnzimmer. Manche zünden 40 Tage lang die Kerze vor dem Bild an. Und an jedem Geburtstag und Namenstag und Hochzeitstag zünden sie von neuem die Kerze an, um damit auszudrücken, dass der Verstorbene bei allem Abschied dennoch ein Glied der Familie bleibt, an das man gerne denkt und von dessen Liebe man auch heute noch lebt. Auch an Weihnachten zünden viele eine Kerze vor dem Bild des Verstorbenen an und stellen Bild und Kerze an die Krippe, damit sie gemeinsam mit dem Verstorbenen Weihnachten feiern, die Familie als Suchende und Glaubende und die Verstorbene als Schauende und Vollendete.

Seinen Schmerz ausdrücken

Was aber bleibt, sind Trauer und Schmerz. In der Literatur finden wir bewegende Beispiele dafür, welchen Schmerz der Abschied von einem lieben Menschen bereiten kann. Ich möchte nur zwei Beispiele aus der einleitend erwähnten Sammlung zitieren, die beide um den Tod eines lieben Menschen kreisen. Die Dichter beschreiben den Abschied auf eine Weise, die uns Leser heute berührt, auch wenn die Texte schon sehr alt sind. So gebraucht Johann Gottfried Herder das Bild der Wüste, als er am 21.2.1781 an Moses Mendelssohn über den Tod Lessings schreibt, was er verloren habe und lange nicht wiederfinden werde: „Mir ist's noch immer, so entfernt wir voneinander arbeiteten und dachten, so leer zumut, als ob Wüste, weite Wüste um mich wäre." (Schünemann 257)

Und in einer ganz anderen Zeit, am 18.11.1945 bekennt Gottfried Benn, nachdem er vom Tod von H. erfahren hat, „dass durch dies Ereignis mein Leben einen endgültigen Stoß und Niederwurf erlitten hat, von dem ich noch nicht weiß, ob ich mich davon erholen werde und erholen will. Diese Verbindung war keine Leidenschaft, aber eine so unendliche Freundschaft und Zärtlichkeit, dass ihr Verlust eine Kette von Trauer und Tränen für mich bedeutet." Wenig später schreibt er über sich selbst in seiner Trauer: „Die Wohnung ist kalt, ich habe keinen Ofen, Kälte ist schlimmer als Hunger, aber im Innern berührt mich alles nicht mehr, ich sehe ein fernes Land, in dem die Schatten weinen." (Schünemann 295 und 297) Gottfried Benn lässt die Trauer zu, die der Abschied von dieser Frau H. für ihn bedeutet. Er beschreibt ihn in Bildern von Kälte, Leere, Niedergeworfenwerden. Er fühlt sich wie in einem fernen Land, in dem selbst die Schatten weinen. Schon die Vorstellung, und erst recht das Aussprechen des Schmerzes ist Teil des Abschiednehmens.

Die Formen des Ausdrucks sind ganz verschieden

Die Formen, wie jeder Abschied nimmt, sind sehr verschieden. Manche versinken am Anfang im Weinen, andere können gar nicht weinen, weil sie innerlich so erstarrt sind. Früher hat man den Menschen ein Trauerjahr zugestanden, in dem die Frauen meistens schwarze Kleider getragen haben. Man hat den Menschen immerhin Trauer gegönnt. Heute hören viele Trauernde: „Das ist doch jetzt schon sechs Wochen vorbei. Fahre in Urlaub, dann kommst du auf andere Gedanken." Doch solche Worte trösten nicht, sondern verletzen nur. Es gibt keine Norm, wie lange die Trauer dauert. Es geht nur darum, dass die Trauer sich wandelt von einer lebensbehindernden zu einer ins Leben führenden Trauer. Trauern ist auch Lieben. Wer den Verstorbenen liebt, der spürt auch immer wieder den Schmerz der Trauer, dass der geliebte Mensch nicht da ist. Wir müssen akzeptieren, dass wir ihn nicht mehr umarmen können. Aber zugleich sollen wir wissen, dass wir in Verbindung mit ihm bleiben dürfen.

Loslassen und in Verbindung bleiben

Zunächst müssen wir den Verstorbenen loslassen. Mit den Freunden können wir per Handy oder Skype auch aus der Ferne kommunizieren. Die Verbindung besteht weiter, wird nur anders. Mit dem Verstorbenen können wir nicht mehr so kommunizieren. Dennoch gibt es eine Verbindung auch mit ihm. Diese Verbindung ist mehr als die Erinnerung an ihn. Manchmal dürfen wir die Verbindung spüren in einem Traum, in dem der Verstorbene wie im Alltag unter uns ist. Manchmal lächelt er nur und vermittelt uns so, dass er einverstanden ist mit unserem Leben. Manchmal sagt uns die verstorbene Mutter ein Wort, das wir dann als ein kostbares Vermächtnis in unserem Herzen bewahren. Oft sind es wegweisende Worte oder stärkende und ermutigende Worte. Manchmal finden wir auch Zeichen, die vom Verstorbenen zu kommen scheinen: Da blüht an ihrem Todestag eine Rose besonders schön. Oder wir spüren ein sonderbares Rauschen des Windes. Wir dürfen für uns auch solche Zeichen als Botschaft des Verstorbenen dankbar annehmen.

Die Liebe des Verstorbenen wird uns weiter begleiten auf unserem Weg. Wir werden also eins in der Liebe mit den Menschen, aber zugleich eins mit Gott. In Gott werden wir eins mit den Menschen, mit den geliebten, aber letztlich dann auch in einer Offenheit für alle, die im Himmel sind.

Eine neue Beziehung finden

Der Abschied vom Verstorbenen hat ein Ziel: eine neue Beziehung zum Verstorbenen aufzubauen, den Verstorbenen als inneren Begleiter zu sehen. Dann kann man im Gebet durchaus mit ihm kommunizieren. Nur wird er keine klaren Worte sprechen, wie sie der Freund oder die Freundin in das Handy hinein spricht. Aber der Abschied soll zu einer neuen Form der Beziehung führen. Wir fragen uns immer wieder: Was wollte der andere uns mit seinem Leben vermitteln? Und was würde er mir jetzt sagen, wenn er neben mir wäre? Auch für den Abschied im Tod gilt, dass die Beziehung auf neue Weise weitergeht.

Es geht aber beim Abschiednehmen nicht nur darum, eine neue Beziehung zum Verstorbenen aufzubauen, sondern auch eine neue Beziehung zu mir selber und zu Gott zu finden. Ich kann mich fragen: Wer bin ich ohne meine Frau, ohne meinen Mann, ohne meinen Sohn, meine Tochter? Was will in mir jetzt neu zur Entfaltung kommen, was ich aus Rücksicht bisher zurückgedrängt habe? Wie möchte ich mit meiner Person antworten auf die Botschaft der Verstorbenen? Und es geht um eine neue Beziehung zu Gott. Manchmal zerbricht das zu naive Gottesbild, dass Gott immer für uns sorgt, durch den Tod des lieben Menschen, für den wir so viel gebetet haben, dass er die Krankheit übersteht. Wer ist dieser Gott heute für mich? Wie kann ich daran glauben, dass ich in seiner guten Hand bin? Aber die Beziehung zu dem unbegreiflichen Gott wird zugleich durch den Tod des lieben Menschen konkreter. Denn ich kann mir vorstellen, dass die oder der Verstorbene jetzt bei Gott ist, mit Gott eins ist, in Gott ruht. So richte ich meine Gebete immer auch zu dem Gott, in dem meine Verstorbenen

> *Es geht beim Abschiednehmen nicht nur darum, eine neue Beziehung zum Verstorbenen aufzubauen, sondern auch eine neue Beziehung zu mir selber und zu Gott zu finden.*

ruhen. So antwortet Jesus den Sadduzäern, die nicht an die Auferstehung glauben: „Gott ist doch nicht ein Gott der Toten, sondern der Lebenden. Für ihn sind alle lebendig." (Lk 20,38) Der Gott der Lebenden erinnert uns immer auch an die Toten, die jetzt in ihm leben.

Begleitet von Liebe und Hoffnung

Wir glauben und hoffen, dass wir im Himmel all die Menschen wiedersehen, die wir gekannt haben. Das ist fester Bestandteil christlicher Hoffnung. Natürlich wissen wir nicht, wie es konkret aussehen kann. Sicher wird es kein Klassen-, Freundes- oder großes Familientreffen im Himmel geben. Aber wir werden eins werden mit den Menschen, die wir hier geliebt haben. Da zur Auferstehungshoffnung der Glaube gehört, dass die Liebe stärker ist als der Tod, glauben wir auch, dass die Liebe zu den Menschen, die wir hier geliebt haben, durch den Tod nicht zerstört, sondern auf eine neue Ebene gehoben wird. Die Liebe des Verstorbenen wird uns weiter begleiten auf unserem Weg. Wir werden also eins in der Liebe mit den Menschen, aber zugleich eins mit Gott. In Gott werden wir eins mit den Menschen, mit den geliebten, aber letztlich dann auch in einer Offenheit für alle, die im Himmel sind.

Wir sollen nicht nach rückwärts schauen. Wir sollen uns erinnern an den Verstorbenen, aber dann in einer neuen Beziehung zu ihm nach vorne gehen, in unsere Zukunft hinein, jedoch nicht alleingelassen, sondern begleitet von dem, der sein Ziel schon erreicht hat.

Wir dürfen als Christen darauf vertrauen, dass auch die, die nicht explizit christlich gelebt haben, im Tod Gottes Liebe begegnen werden. Wenn sie sich dann in Gottes Liebe ergeben, werden auch sie für immer bei Gott sein.

Der Abschied von den Verstorbenen soll unsern Blick nicht nach rückwärts, sondern nach vorwärts lenken. Jesus sagt den Frauen, die Jesus im Grab suchen: „Warum sucht ihr den Lebenden bei den Toten? Er ist nicht hier. Gott hat ihn von den Toten auferweckt. Erinnert euch an das, was er zu euch gesagt hat, als er noch in Galiläa war." (Lk 24,5f) Wir sollen also nicht nach rückwärts schauen. Wir sollen uns erinnern an den Verstorbenen, aber dann in einer neuen Beziehung zu ihm nach vorne gehen, in unsere Zukunft hinein, jedoch nicht alleingelassen, sondern begleitet von dem, der sein Ziel schon erreicht hat.

Damit unser Leben Frucht bringt:
Biblische Orientierungen

Abschiedsreden als Mahnung und Trost

In der Antike waren die Abschiedsreden berühmter Männer ein beliebtes Thema. Vorbild ist die Abschiedsrede des Sokrates, die uns Platon überliefert. Sokrates spricht vor seinem Tod über die Probleme der Seele und über das Jenseits, in das sie hinübergeht. Wichtig sind in dieser Form literarischer Gestaltung vor allem die letzten Worte – die „ultima vox" –, mit denen sich jemand verabschiedet. Die Abschiedsrede des Sokrates wurde in der antiken Literatur immer wieder als Modell genommen. Wichtige Elemente einer solchen Abschiedsrede waren Trostworte an die Hinterbliebenen, wichtige Botschaften an sie, Mahnreden, Dankesworte und dann ein letztes Abschiedswort, das als kostbares Vermächtnis von den Freunden und Verwandten aufbewahrt wurde.

Auch das Alte Testament kennt solche Abschiedsreden, etwa die Abschiedsrede des Mose, aber auch den Segen, mit dem Jakob seine Söhne segnet. Dieser Segen ist wie ein Abschiedswort an die Söhne und Nachkommen.

Jesu Abschiedsrede

Im Neuen Testament ist es Jesus, der eine große Abschiedsrede hält. Der Evangelist Lukas greift die griechische Tradition der Abschiedsliteratur auf, indem er Jesu Abschiedsrede als Tischgespräch gestaltet. Jesus fordert seine Jünger auf, einander zu dienen. Und er tröstet sie und spricht ihnen Mut zu für die Bewährungsproben ihres Lebens. Johannes beginnt die große Abschiedsrede Jesu mit einem Ritual: Jesus wäscht seinen Jüngern die Füße. Es ist gleichsam ein Abschiedsritual, mit dem Jesus ein Vermächtnis hinterlässt: Alles, was Jesus den Jüngern mit seinem Lebenseinsatz zeigen wollte, besteht in der Liebe, die sich hinabbeugt bis zu den Füßen, die alles an ihnen annimmt und liebt.

In diesen Abschiedsreden deutet Jesus sein Handeln an den Jüngern und ermahnt sie zu gleicher Liebe. Und Jesus zeigt ihnen, dass sein Abschied im Tod zu einer neuen Gemeinschaft mit ihnen führen wird. Er geht ihnen voraus, um ihnen eine Wohnung zu bereiten. „Wenn ich gegangen bin und einen Platz für euch vorbereitet habe, komme ich wieder und werde euch zu mir holen, damit auch ihr dort seid, wo ich bin." (Joh 14,3) Der Tod wird zwar ein Abschiednehmen sein, aber kein endgültiger Abschied. Vielmehr werden sie im Tod auf neue Weise mit ihm vereint sein. Und wenn sie sterben, werden sie gemeinsam mit ihm in der Wohnung wohnen, die er für sie schon vorbereitet hat.

....

In seinen Abschieds-
reden zeigt Jesus den Jüngern,
dass sein Abschied im Tod zu
einer neuen Gemeinschaft mit
ihnen führen wird.

....

Die Abschiedsreden des Stephanus und Paulus

Lukas überliefert uns in der Apostelgeschichte zwei weitere Abschiedsreden, die des Stephanus und des Paulus. Damit will er uns Christen ein Bild zeichnen, wie wir uns verabschieden sollen von den Menschen. In seiner letzten Rede erklärt der Diakon Stephanus den Juden, wie er die Botschaft Jesu versteht. Als die sich nicht davon berühren lassen und ihn steinigen, hebt Lukas zwei letzte Worte des Stephanus gleichsam als Vermächtnis hervor: „Ich sehe den Himmel offen und den Menschensohn zur Rechten Gottes stehen." (Apg 7,56) Auch das ist ein Wort, das uns die Angst vor dem Tod nehmen will, das uns verheißt, was uns im Tod erwartet. Das zweite Wort betrifft unser Verhalten zu den Menschen, die uns im Leben verletzt haben: „Herr, rechne ihnen diese Sünde nicht an!" (Apg 7,60) In diesem Wort ahmt Stephanus Jesus nach, der am Kreuz für seine Mörder gebetet hat: „Vater, vergib ihnen, denn sie wissen nicht, was sie tun." (Lk 23,34)

Bevor Paulus nach Jerusalem zieht, in dem Wissen, dass „Fesseln und Drangsale auf mich warten" (Apg 20,23), verabschiedet er sich in Milet von den Ältesten der Gemeinde von Ephesus, die er extra nach Milet kommen lässt. In seiner Abschiedsrede erklärt Paulus nochmals, wie er seinen Auftrag und seine Missionstätigkeit verstanden hat. Es ist gleichsam ein Vermächtnis an die Seelsorger oder auch an alle Christen, die sich für andere Menschen einsetzen, für Sozialarbeiter, Ärzte und Therapeuten. In dieser Rede zitiert Lukas Worte, die ähnlich in Abschiedsreden griechischer Autoren zu finden sind. Paulus fasst seine Predigttätigkeit in die Worte zusammen: „Ihr wisst, dass ich nichts von dem, was heilsam ist, zurückgehalten habe." (Apg 20,20) Das ist ein Vorbild für jeden Seelsorger oder Therapeuten: Es geht darum, dass wir mit unserem ganzen Sein eine heilsame Wirkung auf die Menschen ausüben. Und Paulus mahnt die Menschen: „Gebt acht auf euch." (Apg 20,28) Das ist ein typisch griechischer Ausdruck, den Lukas sehr liebt. Wir sollen auf uns selber achtgeben, auf unsere Seele. Wir sollen „innehalten", um im Innern den Geist zu entdecken, den Gott jedem von uns geschenkt hat, damit wir für andere Menschen zum Segen werden.

Was in den biblischen Abschiedsreden vermittelt wird, ist ein Vorbild für das, was wir beim endgültigen Abschied im Tod unseren Verwandten und Freunden sagen können: Worte des Segens, Worte, die erklären, was wir mit unserem ganzen Leben zum Ausdruck bringen wollten, und Worte, die ermutigen und ermahnen, zum Segen zu werden für andere. Und es geht in den Abschiedsworten, vor allem in der „ultima vox", im letzten Wort, darum, den Menschen nochmals zu sagen, dass wir sie geliebt haben und lieben und dass diese Liebe in unserem Tod zur Vollendung kommt, dass sie nicht abgeschnitten wird, sondern vom Himmel her auf neue Weise weitergeht. Und es ist ein Abschiedswort, das auch im Tod nicht den endgültigen Abschied sieht, sondern das Vertrauen, dass wir uns im Himmel auf neue Weise wiedersehen werden.

Jesusworte über die Verabschiedung des Ego

Es gibt in der Bibel nicht nur Abschiedsworte, sondern auch Worte, wie wir loslassen sollen, was und wie wir uns verabschieden sollen vom eigenen Ego. Das klassische Wort Jesu, das uns auffordert, alles loszulassen von dem, was uns ausmacht, ist: „Wer mein Jünger sein will, der verleugne sich selbst, nehme sein Kreuz auf sich und folge mir nach. Denn wer sein Leben retten will, wird es verlieren; wer aber sein Leben um meinetwillen und um des Evangeliums willen verliert, wird es retten." (Mk 8,34f) Das griechische Wort für „verleugnen" ist „aparnesastho". Es bedeutet: verneinen, Widerstand leisten, Distanz dazu gewinnen. Es geht also darum, von der Herrschaft des Ego loszukommen, sich dem Drang des Ego zu widersetzen, das uns ganz und gar beherrschen will. Das Ego will sich immer darstellen, immer beweisen. Wir sollen also Abschied nehmen von der Herrschaft des Ego, um zum wahren Selbst zu gelangen. Jesus gibt dazu zwei Wege an: 1. das Kreuz auf sich nehmen, 2. ihm nachzufolgen. Das Kreuz auf sich nehmen heißt, sich selbst anzunehmen mit all den gegensätzlichen Strebungen und Seiten in der menschlichen Seele. Nach C. G. Jung geht es darum, sich in seiner Polarität anzunehmen. Jesus nachfolgen meint, dem inneren Impuls zu folgen, den man in sich hört, wenn man still wird, wenn man sich herausnimmt aus dem Lärm und aus der Routine des Alltags.

Das zweite Wort spricht davon, dass wir unser Leben verlieren, loslassen sollen, um es zu gewinnen. Hier steht im Griechischen „psyche". Das heißt wörtlich: Seele. Heute übersetzen wir es meistens mit Leben. Doch beide Übersetzungen treffen nicht genau das, was die Bibel meint. Psyche ist die Trägerin des Lebens und ein Bild für das Selbst, für das ursprüngliche Bild Gottes im Menschen. Wenn wir das Wort Jesu deuten, so verstehe ich unter Seele hier das, was uns ausmacht, was uns lebendig hält, es meint auch unsere Lebensüberzeugungen, unsere Lebensphilosophie, das, was das Leben in uns nährt und zur Blüte bringt. Wir sollen uns frei machen von all dem, was wir meinen, es sei absolut notwendig für uns, damit wir uns lebendig fühlen. Wir sollen uns von den Gewohnheiten lösen, ohne die wir meinen, nicht leben zu können. Dann werden wir das wahre Leben, die wahre Lebendigkeit finden. Bei Matthäus heißt es: Wir werden das Leben finden. Markus und Lukas sprechen von „sozein" = retten, bewahren, heilen.

Im Blick auf unser Thema vom Abschiednehmen können wir diese Worte so deuten: Es ist notwendig, Abschied zu nehmen von unserem Ego und von all den Vorstellungen, die wir uns vom Leben und von unserer Person gemacht haben. Nur dann werden wir unser wahres Selbst und unsere Seele, unsere Lebendigkeit finden. Nur dann wird unser Leben gesund.

Das Weizenkorn, das in die Erde fällt

Im Johannesevangelium entspricht den Worten Jesu bei den Synoptikern das Wort, das Jesus den Griechen sagt, die mit ihm sprechen wollen. Er deutet mit diesem Wort seinen eigenen Tod, aber auch das Geheimnis unseres Lebens: „Amen, amen, ich sage euch: Wenn das Weizenkorn nicht in die Erde fällt und stirbt, bleibt es allein; wenn es aber stirbt, bringt es reiche Frucht." (Joh 12,24) Johannes versteht den Tod Jesu am Kreuz als Verherrlichung durch Gott. Denn am Kreuz siegt die Liebe über den Hass der Welt. Die Griechen wollen Jesus sehen. Für die Griechen ist das Sehen der wichtigste Sinn. Jesus verheißt ihnen, dass sie die Herrlichkeit Gottes in ihm sehen werden, aber auf eine ganz andere Weise, als sie es erwartet haben. Das Wort Jesu gilt aber auch für uns. Abschiednehmen ist wie ein Sterben. Das Korn muss sterben, damit die Frucht aufblüht. Unser Ego muss gleichsam sterben, damit das wahre Selbst, das ursprüngliche herrliche Bild Gottes in uns aufstrahlt. Mit dem Weizenkorn ist all das gemeint, was wir uns unter unserem Leben vorgestellt haben: dass wir Erfolg haben, dass wir reich werden, dass wir glücklich werden. All diese Vorstellungen müssen sterben, damit die Herrlichkeit Gottes in uns aufstrahlt, damit wir in die Gestalt hineinwachsen, die unserem wahren Wesen entspricht. Wenn wir das Korn immer in der Hand halten, wird daraus nichts wachsen. Nur wenn wir es in die Erde stecken, wird es sich wandeln und reiche Frucht bringen.

Das Ziel des Abschiednehmens ist, dass unser Leben Frucht bringt, dass wir zum Segen werden für andere. Aber bevor wir Frucht bringen, braucht es die vielen kleinen Tode, die wir bei den Abschieden unseres Lebens erleiden.

Das Ziel des Abschiednehmens ist also, dass unser Leben Frucht bringt, dass wir zum Segen werden für andere. Aber bevor wir Frucht bringen, braucht es die vielen kleinen Tode, die wir bei den Abschieden unseres Lebens erleiden. Wer immer an sich und an alten Gewohnheiten und Lebensweisen festhält, der bleibt innerlich stehen, der erstarrt. Nur das Leben, das sich wandelt, bleibt lebendig. Um sich zu wandeln, müssen wir aber oft auswandern aus dem Vertrauten, müssen wir uns verabschieden von dem, was uns festhält.

Im Angesicht des Todes –
Spirituelle Meister als Wegweiser
ins Leben

Abschiedslehren von Zen-Lehrern
und Wüstenvätern

Wie leben im Angesicht des Todes? Spiritualität als Frage nach dem Wesentlichen zeigt sich gerade im Ernst des Abschieds vom Leben und in der Bewusstheit dieses Abschieds. In allen Traditionen erfahren wir das: im Hinduismus wie im Christentum, bei muslimischen Sufis wie bei chassidischen Meistern des Judentums. Im Zenbuddhismus sind die Akzente anders gesetzt als in den Lehren des tibetischen Buddhismus, wo es komplizierte Todesvorbereitungen gibt, und auch im Christentum kennen die verschiedenen Traditionen unterschiedliche Akzentsetzungen. Dennoch zeigen sich – im Folgenden dargestellt an den frühen christlichen Mönchsvätern und Meistern der japanischen Zentradition – zwei typische Perspektiven auf den letzten Abschied. In der Tiefe sind sie miteinander verbunden: Es sind Worte aus dem Raum des Sterbens, die in den Raum des Lebens verweisen. Das Leben weist den Weg. Aber auch der Tod ist ein Wegweiser in das Leben.

In der Zen-Literatur werden Worte von japanischen Haikudichtern und Zenmönchen vor ihrem Tod überliefert. Erstaunlich ist die Einfachheit der oft ganz lapidar daherkommenden Worte. Da gibt es keine komplizierten Rituale der Sterbevorbereitung und auch keine bedeutungsschwangeren hochgestimmten Vorträge. Da erwarten die Schüler des Meisters ein bedeutungsvolles Wort. Doch die Zenmönche enttäuschen oft ihre Schüler. So fragt ein japanischer Meister einen Mönch vor seinem Tod: „Wohin wirst du nach dem Tod gehen?" Der Mönch antwortet: „Entschuldige mich für eine Minute. Ich muss zur Toilette gehen."

Abschiedsworte spiritueller Meister sind Worte aus dem Raum des Sterbens, die in den Raum des Lebens verweisen. Das Leben weist den Weg. Aber auch der Tod ist ein Wegweiser in das Leben.

Andere Mönche verabschieden sich mit einem Gedicht, so Kozan Ichikyo, der im Jahre 1360 starb: „Mit leeren Händen kam ich in diese Welt – Barfuß verlasse ich sie. – Mein Kommen, mein Gehen – Zwei einfache Ereignisse – Ineinander verwoben." Ein anderer Mönch, der im Jahr 1905 mit 80 Jahren starb, sagte: „In meine Welt ist jetzt der Frühling gekommen: Lebt wohl!" Goshi, der 1775 im Alter von 66 Jahren starb, sagte vor seinem Tod: „Dem Leben Dank zu sagen, wende ich mich zurück und verbeuge mich nach Osten." Uko, der 1820 im Alter von 82 Jahren starb, dichtete vor seinem Tod: „Die Stimme der Nachtigall lässt mich vergessen meine Jahre."

Die Zenmönche relativieren den Tod. Er ist nicht so wichtig. Wichtiger ist – zum Beispiel – das Eintauchen in die Erfahrung der Natur: die Stimme der Nachtigall. Doch der Mönch Joseki, der 1779 mit 85 Jahren starb, sagt ein hoffnungsvolles Wort, das wir auch von christlichen Mönchen hören könnten: „Heute wird mein Geburtstag sein im Nirvana."

In all diesen Worten spürt man das Wissen um das Ende, aber keine Angst vor dem Tod. Es ist auch keine Sehnsucht nach dem Jenseits zu spüren, aber doch das Vertrauen, dass der Tod eine neue Geburt ist, auch wenn wir uns das nicht vorstellen können. Leben im Augenblick – noch und gerade in der Stunde des Abschieds. Diese Sterbenden lassen sich ganz auf den Augenblick ein. Und sie lassen alles andere los, lösen sich von allem, halten nichts mehr fest. Das Ganze hat etwas Natürliches, ein notwendiger Vorgang, dem man nicht entgehen kann, aber dem man sich anvertrauen darf.

Einer Wegweisung ins Leben begegnen wir auch in den Geschichten um das Sterben von Mönchsvätern. Unter den Apophthegmata, den Vätersprüchen der Wüstenmönche, gibt es viele kleine Geschichten, in denen Mönche einen Altvater besuchen und vor seinem Tod um ein Wort bitten. Auch die Altväter erfüllen oft nicht die Wünsche ihrer Bittsteller. Der Altvater Agathon enttäuscht die, die ihn beim Sterben begleiten. Da er drei Tage mit offenen Augen dasaß und sich nicht bewegte, fragten ihn die Brüder: „Altvater Agathon, wo bist du?" Er antwortete: „Ich stehe im Angesicht des Richterstuhles Gottes." Die Brüder sind enttäuscht, sie denken, er müsse doch vertrauen, dass er vor Gott gut dastehen werde. Als sie ihn noch weiter fragten, antwortet er ihnen: „Tut mir den Gefallen und sprecht nicht mehr mit mir; denn ich bin beschäftigt." Und der Väterspruch schließt die Geschichte von seinem Sterben mit den Worten: „So ward er vollendet in Freude. Sie sahen, dass er sich aufrichtete, wie wenn einer seine Freunde begrüßt." (Apo 111) Der Altvater Agathon meint also: Auch wenn er alles richtig gemacht zu haben glaubt, ist das Gericht Gottes anders als die Meinung der Menschen. Er überlässt sich ganz und gar Gott. Das verwandelt ihn. Zuletzt ist keine Furcht mehr, sondern nur noch Freude. Und der Tod ist wie die Begrüßung von Freunden, die ihm im Tod vorausgegangen sind.

Vom Altvater Benjamin heißt es, dass er sterbend seinen

Brüdern sagte: „Tut dies und ihr werdet das Heil finden, nämlich: Freuet euch allezeit, betet ohne Unterlass und sagt in allem Dank!" (Apo 171) Er gibt seinen Brüdern ein Wort mit,
das ihnen helfen soll, ihr Leben gut zu leben. Dabei spricht
er nicht von Buße und Reue, sondern von Freude, Beten ohne
Unterlass und Danken. Das könnte durchaus eine Botschaft
sein, die uns heute einen Weg zum gelingenden Leben zeigt.
Abba Isaak mahnt im Sterben die Brüder, sie sollten die Gebote Gottes halten. Dann spricht er vom Sterben der Altväter vor ihm: „Als unsere Väter im Sterben waren, hatten
auch wir Leid. Aber indem wir die Gebote des Herrn und
die Weisungen des Herrn einhielten, hatten wir Bestand, als
wären sie noch unter uns. So tuet auch ihr, und ihr werdet
das Heil finden." (Apo 382) Wenn wir so leben, wie uns die
Väter gelehrt haben, dann sind sie gleichsam unter uns. Wir
fühlen uns von ihnen gestärkt. Das ist ein schönes Bild für
die Menschen, die für uns Vorbild sind oder waren. Wenn
wir ihre Worte beachten, sind sie noch unter uns und stärken
und stützen uns.

Als Altvater Johannes im Sterben lag, wollten die Brüder
von ihm noch ein Wort, das er ihnen wie ein Erbe hinterlassen sollte. Er antwortet auf diese Bitte: „Nie habe ich meinen
eigenen Willen getan, und ich habe keinen etwas gelehrt, was
ich nicht vorher selbst getan hätte." (Apo 431) Er fasst mit
diesem Wort sein Leben zusammen und bietet es als Einladung an, es genauso zu tun. Abbas Pambo erzählt auch von
dem, was er getan hat. Er meint: „Ich erinnere mich nicht,
weder Brot gegessen zu haben, das ich nicht durch Hand-
arbeit erworben hatte, noch empfinde ich Reue über ein
Wort, das ich gesprochen habe, bis zu dieser Stunde. Und
doch gehe ich zu Gott als einer, der nicht einmal angefangen
hat, Gott zu dienen." (Apo 769) Er relativiert alles, was er

getan hat. Im Tod sind wir alle Bettler, wie Martin Luther das einmal so schön formuliert hat.

Leben und Sterben sind in diesen abschiedlichen Reden also sinnvoll aufeinander bezogen: Auch die Altväter der Wüste beschreiben vor ihrem Tod nochmals, was sie mit ihrem Leben vermitteln wollten. Sie sprechen immer wieder davon, dass sie von andern nie etwas verlangten, was sie nicht selbst getan haben. Sie erinnern daran, dass sie nie über jemanden geurteilt haben. Und sie sagen, dass sie sich doch im Tod wie Anfänger fühlen. Doch sie vertrauen darauf, dass Gottes Liebe alles vollenden wird, was sie nur angefangen und stückhaft verwirklicht haben. Sie machen den Umstehenden Mut, aber sie fordern sie, die weiter im Leben stehen, auch heraus, dieses ihr Leben in Achtsamkeit zu vollziehen.

....

Da ist ein Wissen um das Ende, aber keine Angst vor dem Tod. Es ist auch keine Sehnsucht nach dem Jenseits zu spüren, aber doch das Vertrauen, dass der Tod eine neue Geburt ist, auch wenn wir uns das nicht vorstellen können. Leben im Augenblick – noch und gerade in der Stunde des Abschieds.

....

Abschiedlich leben:
Zehn Haltungen

Wir haben bisher viele Situationen angeschaut, in denen wir Abschied nehmen müssen: Abschied von Menschen, von Orten, von Fähigkeiten, von Dingen. Die Frage stellt sich nun, was diese vielen Abschiede für unser Leben bedeuten, wie eine Kunst des abschiedlichen Lebens aussehen könnte und welche Haltungen für eine solche Kultur des Aufbruchs entwickelt werden könnten. Haltungen möchten uns Halt geben in Phasen des Übergangs, in der Unsicherheit, die durch jeden Abschied in uns entsteht. Bei all diesen Haltungen wird die Doppelstruktur des Abschieds sichtbar: Abschied und Neubeginn, Schmerz des Abschieds und positive Gefühle über das, was neu in uns entsteht, über den möglichen Aufbruch in neue Welten. So möchte ich im Folgenden versuchen, einige solcher Aspekte darzustellen und zehn Haltungen beschreiben, die uns helfen können, in den Wechselfällen des Lebens freier, gelassener und hoffnungsvoller zu werden.

1.
Unterscheiden lernen und den Blick für das Wesentliche schärfen

Die Erfahrung von Abschieden kann meinen Blick für das Wesentliche schärfen. Beim Abschied von Dingen frage ich mich: Wovon soll ich mich verabschieden, was bedeuten diese Dinge für mich? Vielleicht auch: Was sollte ich entsorgen und was brauche ich noch? Es geht also immer auch um eine Unterscheidung zwischen dem, was für mich wesentlich ist, und dem, was ich loslassen kann und auch loslassen sollte. Das Unterscheiden braucht freilich auch eine Entscheidung. Wer nicht unterscheiden kann, was unwichtig ist und was nicht, wird sich auch schwertun, sich zu entscheiden. Eine

Entscheidung für etwas ist immer auch eine Entscheidung gegen etwas. Daher muss ich mich bei jeder Entscheidung von dem verabschieden, wogegen ich mich entschieden habe. Wenn ich mich entschieden habe, Medizin zu studieren und nicht Musik, die mich als Studium auch gereizt hätte, dann muss ich vom Musikstudium Abschied nehmen und betrauern, dass ich das jetzt nicht studieren kann. Nur wenn ich das, wogegen ich mich entschieden habe, betrauere, kann ich meine ganze Kraft auf das legen, was ich gerade tue. Viele betrauern nicht das, wogegen sie sich entschieden haben, sondern trauern nach. Doch das Nachtrauern entzieht uns alle Energie. Das gilt auch vom Verabschieden von Dingen. Wenn wir ihnen nachtrauern, können wir das nicht genießen, was wir jetzt haben und jetzt tun.

Den Blick für das Wesentliche gewinnen – das gilt auch für den Abschied von Personen. Ich frage mich dann: Wie gestalten wir unsere Beziehung zu einem Menschen, von dem wir uns verabschieden? Auch im Blick auf Freundschaften: Ist die Freundschaft mit dieser Person für mich wesentlich und ist sie auch für den andern ein Segen? Oder halten wir nur aus Gewohnheit daran fest oder weil wir Angst davor haben, unsere Beziehung ehrlich anzuschauen und zu klären? Abschiedlich leben bedeutet auch, ein gutes Gespür dafür zu entwickeln, an welchen Beziehungen ich festhalten möchte und welche ich lieber loslassen sollte. Dabei sind auch meine Gefühle ein wichtiger Anhaltspunkt für meine Entscheidungen. Wenn ich innerlich Widerstand spüre oder wenn Ärger in mir hochsteigt oder ich intuitiv ein ungutes inneres Gefühl habe, sollte ich diese Gefühle nicht überspringen. Sie können mir auch anzeigen, dass ich mich entscheiden und vielleicht sogar Abschied nehmen sollte von dieser Person.

2.
Sich von der Illusion der Leidfreiheit lösen und Leidenden mit Empathie begegnen

Auch der Schmerz, der mit manchem Abschied verbunden ist, gehört zu unserer existentiellen Wahrheit, ist ein Teil des Leidvollen im Leben. Wir sollen das Leid nicht suchen, sondern versuchen, es zu lindern, wo immer das möglich ist. Aber wir können es auch nicht vermeiden. Unabhängig vom Schmerz, den jeder Abschied bedeutet, werden wir in unserem Leben immer wieder mit dem Leid konfrontiert: mit dem eigenen Leid, wenn ein lieber Mensch stirbt, wenn wir in eine Depression geraten, krank werden oder von einem Schicksalsschlag getroffen werden. Auch in der Konfrontation mit dem Leid anderer Menschen, die durch äußere Umstände in eine Leidsituation geraten oder die an sich selber leiden, erfahren wir es. Wenn wir realistisch auf unser Leben schauen, müssen wir Abschied nehmen von der Illusion, dass wir selbst oder die Menschen, die wir lieben, vom Leid verschont bleiben. Wir sollen das Leid nicht suchen, aber Wege finden, damit umzugehen. Verdrängen ist nicht der Weg dazu. Nicht anzuerkennen, dass Leiden eine Realität ist, wäre eine Illusion. Es als Wirklichkeit zu akzeptieren, dazu gehört auch anzuerkennen, dass es weh tut. Wichtig ist aber auch, dass wir das Positive in unserm Leben nicht ausklammern, dass wir uns selber helfen lassen und auch danach fragen, was uns helfen oder guttun könnte. Es gibt keine Strategie, das Leid völlig zu vermeiden. Daher gilt es, uns auch zu verabschieden von der Illusion, dass wir vom Leid für immer verschont bleiben. Wenn wir uns damit aussöhnen, dass uns Leid treffen kann, dann werden wir auch eher fähig sein, nicht nur unser eigenes Glück zu suchen, sondern uns empathisch auch auf Leidende einzulassen, Mitgefühl für sie zu empfinden und ihr Leid aktiv lindern zu helfen. Wenn wir das Leid verdrängen, möchten wir mit leidenden Menschen nichts zu tun haben. Wir gehen ihnen aus dem Weg. Denn sie würden uns ja daran erinnern, dass auch uns das Leid treffen könnte. Sich von der Illusion der Leidfreiheit zu verabschieden ist daher die Voraussetzung, uns auf leidende Menschen einzulassen, mit ihnen zu fühlen und mit ihnen nach Wegen zu suchen, ihr Leid zu lindern.

Auch in unserer Gesellschaft besteht eine Tendenz, Leid zu verdrängen. Doch eine Gesellschaft, die das Leid verdrängt, wird immer härter und brutaler. Sie möchte mit den Leidenden nichts zu tun haben, sie aus der Gemeinschaft ausschließen. Doch das Kennzeichen von wirklich menschlicher Kultur ist immer auch der angemessene Umgang mit dem Leid. Nur eine Gesellschaft, die sich um die leidenden Menschen kümmert, ist menschlich. Und nur sie kann einen Raum bieten, in dem alle Menschen ihren Platz finden: Starke und Schwache, Gesunde und Kranke, Glückliche und Leidende.

3.
Ungewissheiten aushalten, aber mit Vertrauen ins Leben aufbrechen

In unserer Welt mit ihren vielfältigen Gefährdungen und in unserer Gesellschaft mit ihrer Vielfalt der Meinungen, Positionen und Werthaltungen wird es immer schwieriger, eigenen Halt und innere Sicherheit zu finden. Alte Gewohnheiten schwinden. Das Leben insgesamt ist riskanter und unsicherer geworden. Viele reagieren auf die Unsicherheiten des Lebens mit Angst. Es gilt die Unsicherheiten auszuhalten und auch mit der Angst angemessen umzugehen. Angst zeigt mir: Ja, die Welt ist unsicher. Ich könnte krank werden. Die Zukunft könnte düster werden. Aber die Angst kann auch zur Einladung werden, zu vertrauen und darauf zu hoffen, dass ich bei allen Unsicherheiten doch von etwas Größerem gehalten werde: von Gottes Güte und Liebe.

Auch wenn wir uns eingestehen, dass unser Leben unsicher und bedroht ist, können wir doch aktiv auf das reagieren, was wir als bedrohlich erfahren. Wenn wir einsehen, dass Ohnmacht wesentlich zum Menschsein gehört, wenn wir sie uns eingestehen und uns mit ihr aussöhnen, verliert sie ihre lähmende Macht. Gerade wenn ich in meiner Ohnmacht bete, kann ich erfahren: Solange ich bete, habe ich Hoffnung, dass sich in meinem Leben und in der Welt Neues auftut. Beten will immer auch zum Tun führen. Im Beten kann ich entdecken, was ich aktiv tun könnte, damit sich etwas wandelt. Wenn wir Hoffnung haben, können wir auch vertrauen, dass sich etwas zum Guten wendet, und überlegen, wie wir aktiv reagieren können. Solches Vertrauen kann man nicht einfach „machen". Aber ich kann versuchen, mich immer wieder für das Vertrauen zu entscheiden. Indem ich die Angst nicht verdränge, kann ich in Berührung kommen mit dem Vertrauen, das auf dem Grund meiner Seele schon immer in mir ist, oft genug nur zugeschüttet von Sorgen und Ängsten. Wenn ich durch die Angst hindurchgehe, kann ich auf das Vertrauen stoßen, dass ich in Gottes guter Hand bin, dass sein Segen mich begleitet und beschützt. Ich kann mir vorstellen, dass dieser Segen mich einhüllt wie ein schützender Mantel. Ich vertraue trotz aller Gefährdung darauf, dass Gott mir auch in dieser unsicheren Welt eine gute Zukunft ermöglicht. In diesem Vertrauen gehe ich meinen Weg, auch in schweren Zeiten.

4.
Gewohnheiten hinterfragen und
Veränderungen wagen

Gewohnheiten geben unserem Leben Sicherheit. Wir gewöhnen uns an bestimmte Abläufe in unserem Leben, wir gewöhnen uns an eigene Verhaltensweisen, weil sie unserem Leben Ordnung und Stabilität geben. Wir hinterfragen diese Verhaltensweisen meist gar nicht mehr. Aber oft tun sie uns auch nicht gut. Sie lassen uns erstarren und oft genug lassen sie uns auch nicht sehen, was gerade für uns und unser Leben notwendig wäre. Daher müssen wir immer wieder von Gewohnheiten Abschied nehmen, damit neues Leben in uns aufblühen kann. Doch das fällt uns oft schwer. Die deutschen Wörter „Gewohnheit" und „gewöhnen" haben die gleiche Wurzel wie „gewinnen". Wir haben in unseren Gewohnheiten ja auch etwas gewonnen. Wir haben ein angenehmes Leben gewonnen. Es fällt uns schwer, das loszulassen. Und es ist immer auch anstrengend, sein Leben neu zu gestalten. Aber das Loslassen von Gewohnheiten ist eine Bedingung dafür, dass wir neue Visionen für unser Leben entwickeln können, dass Neues in uns entstehen kann. Doch die Angst vor dem Unbekannten lässt viele Menschen an ihren Gewohnheiten festhalten. Das Neue muss gewagt werden. Und wagen bringt immer ein Risiko mit sich. Wagen hängt ja mit Waage zusammen. Ich lege etwas auf die Waage, ohne zu wissen, wie sie ausschlägt.

Abschiedlich leben bedeutet also, dass wir unsere Gewohnheiten unter die Lupe nehmen und sie befragen: Tut mir das wirklich gut? Stimmt es für mich noch? Oder engt es mich und mein Leben ein, lässt es zur Routine verkommen? Wenn ich das tue, kann ich mich entscheiden, welche Gewohnheiten ich und von welchen ich mich verabschieden möchte. Das Loslassen von Gewohnheiten verursacht zunächst Unsicherheit, schafft aber einen Raum, in dem ich Neues ausprobieren, Phantasie entwickeln kann für Künftiges. Ich erlebe mich dann auch selber neu. Neue Formen in meinem Leben erneuern auch mich selbst, lassen Neues in mir entstehen. Aber es braucht den Mut zum Wagnis.

5.
Haben, als hätte man nicht – und auch im Verzicht innere Freiheit erfahren

Wir brauchen die notwendigen Dinge zum Leben, wir brauchen Geld, um unseren Lebensunterhalt zu bestreiten, wir benötigen manches, was unser Leben erleichtert. Die Frage ist: Was ist genug? Und welches Verhältnis haben wir zu dem, was wir besitzen? Die Kunst besteht darin, diese Dinge zu besitzen – aber mit einer inneren Freiheit. Buddhisten sprechen vom „Nicht-Anhaften". Wenn Jesus die seligpreist, die arm sind im Geiste, meint das die gleiche Haltung: die innere Freiheit gegenüber dem Besitz. Paulus bezieht sich im 1. Korintherbrief auf die Haltung der stoischen Philosophie, die die innere Freiheit von den Dingen dieser Welt verkündet. Ein wichtiger Gedanke in der stoischen Philosophie ist die innere Distanzierung vom äußeren Schicksal. Die stoische Philosophie rät, sich in das sichere und freie Innere, in das innere Heiligtum des „autos", zurückzuziehen. Paulus gibt für die innere Freiheit den Dingen gegenüber eine andere Begründung: die Kürze der Zeit. Weil die Zeit kurz ist, „soll, wer eine Frau hat, sich in Zukunft so verhalten, als habe er keine, wer weint, als weine er nicht, wer sich freut, als freue er sich nicht, wer kauft, als würde er nicht Eigentümer, wer sich die Welt zunutze macht, als nutze er sie nicht; denn die Gestalt dieser Welt vergeht." (1 Kor 7,29–31)

Beide Begründungen für die innere Freiheit könnten uns helfen, eine innere Distanz zu den Dingen zu bekommen. Die stoische Begründung wird in der christlichen Mystik aufgenommen. Wir sollten nach innen gehen, in den Seelengrund, wie Johannes Tauler sagt, dann werden wir frei von dem Anhaften, dann benutzen wir die Dinge, aber wir hängen nicht daran. Aber auch die Begründung des Apostels Paulus kann uns helfen: Die Zeit ist kurz. Das meint nicht nur die Zeit bis zur Wiederkunft Jesu, sondern die Zeit bis zu unserem Tod. Weil unsere Zeit begrenzt ist, lohnt es sich nicht, sich vom Besitz her zu definieren. Denn spätestens im Tod müssen wir alles lassen. „Das letzte Hemd hat keine Taschen", sagt der Volksmund. Deshalb müssen wir uns verabschieden von der Illusion, als ob wir den Besitz für ewig hätten. Nicht nur der Tod wird uns davon trennen. Es können auch Ereignisse in unserem Leben eintreten, die uns allen Besitz rauben. Daher braucht es die innere Freiheit allem Haben gegenüber.

Nicht nur unsere Zeit ist begrenzt und daher kostbar. Aber auch das, was wir besitzen, was wir zum Leben brauchen, ist begrenzt. Für manche ist die Begrenzung schmerzlich, weil ihre Wünsche viel größer sind. Sie erleben die Begrenzung als Einschränkung ihres Lebens. Aber Unersättlichkeit und grenzenlose Gier machen nicht zufrieden. Nur wer sich mit der Begrenzung aussöhnt, kann in Freiheit darüber nachdenken, was er wirklich zum Leben braucht. Das ist eine Voraussetzung, sich frei zu fühlen. Dann wird er erkennen, dass er vieles nicht braucht, was er etwa in seiner Wohnung angesammelt hat. Es braucht dann auch den Mut, vieles loszulassen und zu entsorgen, damit man sich wieder frei fühlt. Dann wird das Leben immer einfacher. Die Einfachheit ist keine strenge Askese, sondern das Bewusstsein, nicht viel zu brauchen. Die Einfachheit ist die Bedingung, sich einfach auf das Leben einzulassen und nicht ständig den unerfüllten Wünschen nachzuhängen.

„Nichts haben, alles besitzen", ist eine Weisheit über den Weg zur Freiheit, die sich zu allen Zeiten, in allen Religionen findet. Die innere Freiheit den Dingen gegenüber führt zu einem einfacheren Lebensstil. Wir werden gewahr, dass wir viele Dinge gar nicht brauchen. Und wir erkennen, dass die Dinge oft eine Ersatzfunktion haben. Wenn wir erkennen, dass die Dinge Ersatz für innere Leere sind, dann führt uns auch Konsumaskese zu innerer Freiheit. Dann können wir es genießen, dass wir vieles nicht mehr nötig haben, dass wir frei werden von dem Druck, immer mehr zu kaufen und immer mehr zu besitzen. Verzichten ist keine Selbstaggression, im Gegenteil: Es gibt auch die Lust auf den Verzicht. Denn der Verzicht beweist uns, dass wir selber entscheiden können, welche Bedürfnisse wir erfüllen und welche nicht. Und er öffnet uns die Augen für die anderen Menschen, mit denen wir unseren Besitz teilen sollten. Denn wer nur um den Besitz kreist, isoliert sich. Verzichten schafft Gemeinschaft.

6.
Im Umgang mit Menschen: Loslassen lernen,
aber auch Verbindlichkeit leben

Abschiedlich leben bedeutet auch im Umgang mit den Menschen die Bereitschaft, immer wieder loszulassen. Wir können die Menschen nicht festhalten. Freunde werden uns durch den Tod entrissen. Spätestens wenn liebe Menschen sterben, müssen wir sie loslassen. Das Loslassen gilt nicht nur für das Beenden von Beziehungen, es prägt auch unsere konkret gelebten Beziehungen. Wenn wir uns an einem Menschen festklammern, der uns nahesteht, engen wir ihn ein. Das erschwert die Beziehung eher, als sie zu intensivieren oder zu fördern. Eine gute Beziehung ist immer von der Freiheit geprägt. Sie ist lebendig in der Bereitschaft, auch loszulassen, den andern zu lassen, wie er ist, anstatt ihn mit unseren Erwartungen zu bedrängen und einzuengen. Wenn wir diese innere Freiheit des Loslassens üben, dann haben wir keine Angst, den andern zu verlieren. Diese innere Freiheit ist im Gegenteil eine Bedingung dafür, dass unsere Beziehung Bestand hat. Die innere Freiheit des Loslassens ist auch kein Gegensatz zur Treue. In der Treue binde ich mich an den andern. Das ist jedoch kein Einengen, vielmehr ist die Treue eine wichtige Voraussetzung für die menschliche Selbstwerdung. In der Treue entdeckt der Mensch, dass er mehr ist als eine Aufeinanderfolge verschiedener Zustände, dass in ihm selbst etwas Ewiges, Zeitüberdauerndes steckt. Erst aus dem zeitüberbrückenden Verhalten der Treue – so sagt Otto Friedrich Bollnow – gewinnt der Mensch sein Selbst.

Abschiedlich leben in der Beziehung bedeutet also die Kunst, eine Balance zu halten zwischen Loslassen und Verbindlichkeit. Heute tun wir uns schwer damit, Verbindlichkeit zu leben. Wir wollen keine Verpflichtung eingehen. Doch zu einer guten Beziehung gehört auch die Verbindlichkeit. Wir fühlen uns verbunden. Diese Verbundenheit darf kein krampfhaftes Festklammern am andern sein. Indem ich mich verbindlich auf einen anderen Menschen, einen Freund, eine Freundin einlasse, übe ich mich gleichzeitig in der Beziehung immer wieder ein, loszulassen: Ich lasse meine Erwartungen los, die unbewusst dem andern gegenüber in mir aufsteigen. Ich bin verbunden, aber zugleich lasse ich dem andern die Freiheit, zu wachsen und sich so zu entwickeln, wie es für ihn stimmig ist. Verbundenheit meint aber immer auch, dass zwei Menschen sich miteinander verbinden. Sie verschmelzen nicht, sondern bleiben jeder er oder sie selbst. Doch wir kennen in uns auch die Tendenz, den andern ganz fest an uns zu binden, ihn zu vereinnahmen. Daher verlangt eine gesunde Verbundenheit immer auch das Loslassen von allen vereinnahmenden Tendenzen.

7.
Erfahrungen nicht verdrängen, sondern loslassen, aber Erinnerungen integrieren

Abschied nehmen und Loslassen beziehen sich auch auf die eigene Lebensgeschichte. Wir sollten unsere Lebensgeschichte annehmen und uns damit aussöhnen. Aber wir sollten sie nicht wie einen Ballast mit uns herumschleppen. Beides gehört zusammen: die eigene Lebensgeschichte akzeptieren, und das Vergangene loslassen. Annehmen und Loslassen sind auch im Blick auf mein eigenes Leben Grundvollzüge und Voraussetzung dafür, dass mein Leben gelingt. Annehmen heißt: Ich nehme meine Vergangenheit an, so wie sie war. Ich muss nicht ständig nachfragen: Was wäre gewesen, wenn …? Wie wäre mein Leben verlaufen, wenn das oder jenes nicht passiert wäre? Solche Fragen führen nicht weiter. Mein Leben ist so verlaufen, wie es verlaufen ist. Das muss ich akzeptieren. Akzeptieren heißt nicht, zähneknirschend annehmen, was war. Sondern: Ich erkenne im Blick auf mein gelebtes Leben, wer ich bin, und versuche, mein Leben und mich selbst mit dieser Lebensgeschichte innerlich zu bejahen. Ganz gleich, was war, ich bin durch meine Lebensgeschichte zu dem geworden, der ich jetzt bin. Das ist die Basis, von der aus ich weitergehe. Ich nehme mich also in diesem Sinne an. Ich verzichte darauf, mir ständig Vorwürfe zu machen, dass ich so bin, oder an mir herumzukritisieren, dass doch vieles besser sein müsste. Wenn dieser erste Schritt gelungen ist, dann kann ich den zweiten tun: Loslassen, was war. Loslassen heißt nicht vergessen. Es meint, das ständige Kreisen um Vergangenes und auch die Grübeleien loslassen, ob es nicht hätte anders werden können.

Akzeptieren und Loslassen sind normalerweise zwei aufeinander folgende Schritte. Aber sie gehen auch ineinander: Indem ich die Selbstvorwürfe loslasse, lerne ich, mich zu akzeptieren. Und umgekehrt gilt: Indem ich mich annehme, lasse ich die ständige Beschäftigung mit der Vergangenheit los. Ich lebe jetzt im Augenblick. Ich bin offen für das, was die Gegenwart bringt und wie sie mich herausfordert.

Unsere Geschichte gehört wesentlich zu uns. Sie kann kostbarer Teil unseres Lebens sein kann, den zu erinnern unser Glück ausmacht. Sie kann uns aber auch belasten. In jedem Fall prägt sie uns, und wir sind das geworden, was die Geschichte aus uns gemacht hat. Es ist ebenso eine psychologische wie spirituelle Einsicht: Wir können nur loslassen, was wir angenommen haben. Aber das Loslassen ist die Bedingung dafür, dass wir lebendig bleiben, dass Neues in uns wachsen kann.

Es tut uns allen gut, von der Vergangenheit zu erzählen, sie in Erinnerung zu rufen, dankbar für sie zu sein. Aber zugleich ist es unsere Aufgabe, sie immer wieder dankbar loszulassen. In der Erinnerung bleibt sie in uns. Aber weil wir die Vergangenheit loslassen, sind wir fähig, uns auf den gegenwärtigen Augenblick und auf die konkreten Menschen einzulassen, mit denen ich jetzt zu tun habe, mit denen ich jetzt gemeinsam Probleme zu lösen versuche.

Die Vergangenheit – sowohl die eigene, individuelle als auch die gemeinschaftliche, sei es die eines Volkes oder einer Institution – ist nicht nur von guten Erinnerungen geprägt. In der Vergangenheit ist auch Unrecht geschehen, Geschichte kennt auch Tragödien, und Katastrophen. Alexander und Margarete Mitscherlich haben 1959 im Blick auf den Umgang der Deutschen mit ihrer Geschichte das Buch geschrieben „Die Unfähigkeit zu trauern". Wenn wir das Unrecht, das in einer Institution, in einer Firma, in der Kirche, in der Gesellschaft, geschehen ist, aus der Erinnerung verdrängen, nicht wahrnehmen und nicht betrauern, erstarrt die Institution. Und auch für unser individuelles Leben gilt: Wenn wir persönlich nicht die verpassten Lebenschancen und zerbrochenen Lebensträume betrauern, dann hängen wir immer noch in der Vergangenheit fest, dann entziehen wir uns gerade dadurch viel Energie. Wir bleiben kleben im Jammern über die Vergangenheit. Betrauern bedeutet: Abschied nehmen vom vergangenen Unrecht, aber auch Abschied nehmen von der Illusion einer heilen Vergangenheit, um dann sich ganz auf die Gegenwart einzulassen. Wer die Vergangenheit nicht annimmt und loslässt, ist dem Risiko ausgesetzt, sie zu wiederholen. Daher ist das bewusste Abschiednehmen im Betrauern die Voraussetzung, für die Gegenwart neue Hoffnung zu ermöglichen und die Zukunft mit neuer Kraft und neuen Ideen zu gestalten.

8.
Abschied von der Selbstbezogenheit, Bewusstsein eines Lebens in Verbundenheit

Heute nimmt der Narzissmus zu – so sagen die Psychologen. Narzissten kreisen immer nur um das eigene Ego. Sie sind unfähig, sich auf andere Menschen einzulassen. Das Loslassen des Ego, die Fähigkeit zur Selbstdistanzierung ist aber die Bedingung dafür, mich wirklich auf andere Menschen einzulassen. Für ein sinnvolles Leben geht es nicht darum, sich gut darzustellen oder immer perfekt sein zu wollten, sondern mit den Menschen verbunden zu sein. Die Menschen sehnen sich heute nach Zugehörigkeit, nach Verbundenheit. Dort, wo Menschen miteinander verbunden sind, spüren sie in sich mehr Energie, dort sind sie kreativ, dort fallen ihnen immer wieder neue Lösungen ein. Doch Verbundenheit ist das Gegenteil von einer egoistischen Selbstbezogenheit, die Narzissten so gut beherrschen. Der Egoist ist isoliert. Nur wer sein Ego loslässt, wer den Drang, im Mittelpunkt zu stehen, loslässt, der ist fähig, sich auf die andern einzulassen und sich mit ihnen zu verbinden.

Verbundenheit bezieht sich nicht nur auf Menschen, sondern auch auf uns selbst. Es geht darum, verbunden zu sein mit allem, was in mir ist, und mit dem, was ich gerade tue.

Und die Verbundenheit reicht auch über die Gegenwart hinaus. Es tut uns gut, wenn wir mit unseren Vorfahren verbunden sind. Dann leben wir aus ihren Wurzeln. Und es ist wichtig, dass wir uns auch mit den Menschen verbinden, die nach uns leben werden, dass wir also nicht egozentrisch und auf Kosten künftiger Generationen leben, sondern die Lebensmöglichkeiten in einer Welt nach uns bedenken: Verbindung heißt also auch im Sinne von Verantwortung leben.

Die Hirnforschung weiß, dass das Gehirn des Kindes noch offen ist für viele Verbindungen. Dort, wo sich das Kind verbunden fühlt, entstehen die kreativsten Verbindungen im Gehirn. Wer sich als Kind verbunden fühlt, wer gute Bindungen in der Familie erfahren hat, der wird auch als Erwachsener fähig, sich von Beziehungen zu trennen, die für ihn nicht mehr stimmen. Wer Bindungsunsicherheit als Kind erfahren hat, gerät später leichter in toxische Beziehungen, aus denen er sich nicht lösen kann. Denn er leidet unter der Angst, verlassen zu werden. Gute Bindungserfahrungen ermöglichen es uns, später gute Bindungen einzugehen und uns zugleich von Beziehungen zu trennen, die uns auf Dauer krank machen würden. Dort, wo wir uns verbunden fühlen, können all die Fähigkeiten, die Gott uns geschenkt hat, zur Entfaltung kommen. So führt der Abschied vom Ego nicht zu einer Isolierung, sondern zu einer neuen Verbundenheit, in der unser Leben Frucht bringen kann für uns selbst und für andere.

9.
Zeitkultur als Lebenskultur:
Die Kunst des Anfangens, des Beendens
und der Unterbrechung

Zeitkultur als Lebenskultur meint die Kunst des Anfangens ebenso wie die Kunst des Aufhörens und Beendens. Aufhören und Anfangen bestimmen unser Leben. Zeit vergeht jeden Moment, und neue Zeit kommt jeden Augenblick. Mit jedem Augenblick fangen wir neu an. Das gilt für das Ganze des Lebens, aber auch für alltägliche Vollzüge. Manche nehmen sich etwas vor, aber sie fangen nie an. Anfangen heißt ja: jetzt mein Leben selbst in die Hand nehmen und es gestalten. Andere können etwas nicht beenden und hängen immer den alten Problemen nach.

Es gibt die Krankheit der „Prokrastination", also die Neigung, alles ständig aufzuschieben. Wenn Menschen nicht anfangen, kommen sie auch nie zu Ende. Das Gesetz des Anfangens und Beendens gilt nicht nur für das, was wir tun, sondern auch für unsere Beziehungen. Auch da gibt es Beziehungen, die nie richtig anfangen. Anfangen und Beenden gelingen nur, wenn wir loslassen, wenn wir uns verabschieden von der Unverbindlichkeit.

Neben der Prokrastination gibt es eine andere Krankheit, den „Sofortismus". Alles muss sofort erledigt werden. Jede Nachricht und jede Mail muss sofort beantwortet werden, sogar noch mitten in der Nacht. Bei beiden – Prokrastination und Sofortismus – ist der gesunde Zeitrhythmus verloren gegangen. Beides erzeugt Druck. Wer aufschiebt, verstärkt den Druck. Der Berg, den er anhäuft, wird immer höher. Wer alles sofort erledigen möchte, setzt sich ständig unter Druck. Er lässt sich keine Zeit, etwas in Ruhe zu tun. Und vor allem:

Wenn er sich so unter Druck setzt, lässt er sich keine Zeit für sich selbst.

Daher ist auch die Unterbrechung wichtig. Sie kann uns die Augen öffnen für das Wesentliche, für das, was gerade abläuft, und für das, was wir eigentlich anzielen. Beides gehört zu einer guten Zeitkultur: geduldiges Zuwartenkönnen und entschiedenes Ergreifen des richtigen Augenblicks. Der gesunde Zeitrhythmus kennt eine langsame Zeit, die wir genießen, die uns gehört, und eine schnelle Zeit, in der wir effektiv arbeiten. Aber die schnelle Zeit muss keine hektische Zeit sein, sondern eine Zeit, in der wir im Fluss sind.

10.
Endlich leben – dankbar für das Geschenk des Lebens

Weisheit besteht darin, sich der eigenen Endlichkeit bewusst zu werden. Der Tod ist uns allen gewiss, ob wir nun jung sind oder alt. Er kann plötzlich kommen, heute oder morgen schon. Aber das Wissen um seine Gewissheit soll uns nicht lähmen, sondern – ob alt oder jung – befähigen, uns ganz auf das Leben einzulassen, das wir jetzt gerade leben. Der Gedanke an die Endlichkeit unseres Lebens kann uns Grund für Dankbarkeit sein und uns aufwecken für das Heute, Ansporn sein, endlich zu leben. Wenn abschiedlich leben heißt, die eigene Endlichkeit zu akzeptieren, dann meint das auch: Ich lebe zwar im Bewusstsein, dass mein Leben jeden Augenblick zu Ende sein kann. Aber das ist kein Überspringen des Augenblicks. Indem ich mir der Abschiedlichkeit bewusst bin, lasse ich mich ganz auf den Augenblick ein, genieße ich das Gespräch, das ich gerade führe, genieße den Wind und die Sonne bei meinem Spaziergang. Der Gedanke an den Tod verstärkt und intensiviert das Leben, denn er ermöglicht mir ein bewusstes und achtsames Leben. Der Tod zeigt mir, was Leben bedeutet. Ich spüre gerade hier das Geheimnis des Lebens, der Lebendigkeit. Ich lebe dann wirklich, anstatt nur von den Erwartungen der andern gelebt zu werden. Ich erlebe jeden Augenblick in Dankbarkeit. Die Dankbarkeit hält nicht fest. Sie weiß, dass jeder Augenblick ein Geschenk ist. Heute gibt es viele Menschen, die keine Gelegenheit auslassen wollen, möglichst viel zu erleben. Wenn wir unser Leben aber immer nur als „letzte Gelegenheit" verstehen, dann wird es ruhelos, rastlos und oft genug auch neurotisch. Wirkliches Leben wird erst möglich, wenn wir den Tod in unser Leben integrieren. Abschiedlich zu leben bedeutet also: ganz und gar im Augenblick und mit allen Sinnen leben. Alles, was ich erlebe, prägt sich in mir ein und formt mich. Aber ich wandle mich auch jeden Augenblick. Ich kann nichts festhalten. Ich gehe dankbar weiter und bin offen für das, was sich mir im nächsten Augenblick zeigt. Wer ganz im Augenblick lebt und diesen gegenwärtigen Augenblick genießt, der kann ihn auch loslassen. Denn ungelebtes Leben kann man nicht loslassen.

Abschiedlich leben bedeutet also auch, sich von dem Vielen verabschieden, das man meint, zu brauchen. Wer abschiedlich lebt, kann einfach leben und die Kostbarkeit des Begrenzten entdecken und schätzen. Der einfache Lebensstil ist kein Zeichen von Armut oder Einfallslosigkeit. Er hat eine eigene Qualität. Schlichtheit führt zur Zufriedenheit und zu einer Schönheit und Klarheit des Lebens. So führt das Abschiednehmen von dem Vielen zu einem intensiveren Leben. Das einfache Leben ermöglicht ein Leben im Einklang mit mir selbst. Denn „einfach" (im Griechischen haplous) ist für die stoische Philosophie die Bedingung, eins zu sein mit sich selbst, die innere Zerrissenheit zwischen den vielen Wünschen und Bedürfnissen zu überwinden und in Einklang mit sich zu gelangen.

Hans im Glück ist am Ende des Märchens, als er alles verloren hat, glücklich, weil er einfach lebt. Er tanzt seine Freude heraus. Er erkennt, dass nicht das, was er hat, ihn glücklich macht, sondern das, was er ist. Er ist das Leben. Er nimmt auf neue Weise das Geheimnis des Lebens wahr: Das Leben ist ein Geschenk. Und die beste Haltung dem Geschenk des Lebens gegenüber ist die Dankbarkeit. Die Schweizer Psychologin Verena Kast sagt, dass die Gefühle der Dankbarkeit uns zudem helfen, dass das, was nicht gut war in unserem Leben, sich nicht über Gebühr in den Erinnerungen ausbreitet. Wer dankbar ist, auch anderen Menschen gegenüber, in dem Bewusstsein, wie viel er ihnen verdankt, der überwindet auch die Grenze des Ego. Und er ist auch genügsam. Der Dankbare kann mit wenigem leben. Er nimmt jeden Augenblick voller Dankbarkeit wahr. Er lebt einfach.

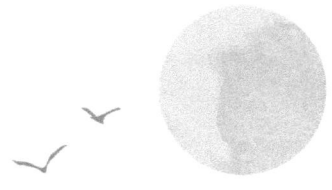

Tor zu einer neuen Freiheit
Schluss

Die vielen Abschiedserfahrungen und Abschiedssituationen, die wir in diesem Buch bedacht haben, zeigen uns, dass zum Wesen unserer menschlichen Existenz gehört, abschiedlich zu leben. Abschied tut weh. Daher ist es verständlich, dass viele dieses Lebensthema verdrängen. Andere können sich dem nicht stellen, weil die Eltern schon früh von ihnen Abschied genommen und sie allein gelassen haben. So müssen sie jeden Abschied verdrängen. Sie tragen ein verlassenes Kind in sich, das immer aufschreit, wenn es um einen Abschied geht. Andere verdrängen das Abschiednehmen, indem sie sich nirgends einwurzeln und nirgends daheim fühlen oder indem sie keinerlei Verbindung aufnehmen, weder zu Menschen noch zu den Dingen oder Orten.

Abschied tut weh. Aber der Abschied ermöglicht auch etwas Neues, eröffnet ein Tor in neue Welten. Wenn ich mich von der alten Heimat verabschiede, kann ich in der neuen Heimat neue Möglichkeiten entfalten. Neues kann in mir wachsen. Und wenn ich mich von manchen Menschen verabschiede, kann ich entweder neue Menschen finden, mit denen ich eine Beziehung eingehe, oder aber ich komme mit mir selber in eine intensivere Beziehung. Es gibt kein Leben ohne Abschied, aber auch kein Leben ohne Beziehung, ohne Verbindung. Abschiedlich leben heißt, in dieser Spannung zu leben zwischen den beiden Polen: einerseits Verbindung aufzunehmen zu Menschen, zu Orten, zu Dingen, zu uns selbst. Aber andererseits auch immer wieder loszulassen, damit

Verbindungen nicht zu einer Bindung werden, die uns fesselt und einengt. Damit wir weiterwachsen, gilt es, immer wieder Abschied zu nehmen von Situationen, die uns am Wachsen hindern.

Bei den vielen Aspekten des abschiedlichen Lebens, die ich in diesem Buch beschrieben habe, wurde immer wieder deutlich, dass Abschied letztlich ein Geheimnis in sich birgt. Indem wir den Abschied bedenken, werden wir hineingeführt in das Geheimnis unseres Lebens. Wir können dieses Leben letztlich nicht in nüchternen Begriffen definieren. Alle Worte und Bilder, die uns das Leben in seiner Spannung von Annehmen und Loslassen, von Verbundensein und Abschiednehmen, von Abbruch und Aufbruch in etwas Neues erklären wollen, münden letztlich im Geheimnis. Unser Leben mit seinen vielen Abschieden, das es uns beschert, bleibt letztlich ein Geheimnis. Und in diesem Geheimnis ahnen wir etwas vom Geheimnis Gottes. Karl Rahner hat das verstanden, wenn er von Gott als dem absoluten Geheimnis spricht, aber auch von unserem Leben als der Sehnsucht, diesem Geheimnis immer mehr auf die Spur zu kommen.

Etwas vom Geheimnis unseres Lebens und vom Geheimnis des Abschieds wird spürbar in dem berühmten Gedicht von Herrmann Hesse: „Stufen". Hesse geht davon aus, dass abschiedlich leben und gutes Leben zusammenhängen. Er beschreibt das so:

> „Wie jede Blüte welkt und jede Jugend/
> Dem Alter weicht, blüht jede Lebensstufe,/
> Blüht jede Weisheit auch und jede Tugend/
> Zu ihrer Zeit und darf nicht ewig dauern./

Es muss das Herz bei jedem Lebensrufe/
Bereit zum Abschied sein und Neubeginne."

Zu den wesentlichen zeitlosen Aspekten des Abschieds gehört nach Hesse das Lebensgesetz des Stirb und Werde, das
uns zeigt: Alles wandelt sich. Nichts bleibt fest. Dann spricht
er vom Lebensruf, der uns zum Abschied einlädt. Wenn wir
uns von der Sprache der Bibel inspirieren lassen, würden wir
sagen: Immer wenn Christus mich ruft – oder in der psychologischen Sprache von C. G. Jung –, immer wenn das innere
Selbst mir einen neuen Impuls gibt, gilt es, Abschied zu nehmen, damit ich neu beginnen und eine neue Bindung eingehen kann. Der Abschied ist also auf das Neue hingeordnet,
das in mir zum Leben kommen will. Er ermöglicht immer
wieder einen Anfang in meinem Leben. Und jeder Anfang
hat seinen eigenen Zauber. Zum Leben gehört es, dass wir
immer wieder neue Räume durchschreiten und an keinem
Ort endgültig festsetzen sollen. Ohne diese ständigen Auf-
brüche würde unser Leben erschlaffen, zur Routine erstarren. Auch der Tod ist für Hesse kein Ende, sondern ein Aufbrechen zu neuem Leben:

„Nur wer bereit zu Aufbruch ist und Reise,/
Mag lähmender Gewöhnung sich entraffen./
Es wird vielleicht auch noch die Todesstunde/
Uns neuen Räumen jung entgegen senden,/
Des Lebens Ruf an uns wird niemals enden .../
Wohlan denn, Herz, nimm Abschied und gesunde!"

Abschiednehmen ist demnach die Bedingung für ein Leben,
das heil wird. „Gesund" in diesem Verständnis ist freilich
keine Normierung, meint auch nicht, dass ich nicht krank

werden kann. „Gesunden" meint vielmehr: im Einklang leben mit mir selbst, mit meinem inneren Wesen. In Einklang mit mir komme ich nur, wenn ich auf des „Lebens Ruf" höre – christlich gesprochen, wenn ich auf den Ruf Gottes höre, auf die leisen Impulse, die Gott mich in meiner Seele spüren lässt. Wir sollen nicht willkürlich Abschied nehmen, sondern nur dann, wenn wir den inneren Ruf dazu spüren. Aber dann müssen wir auch Abschied nehmen, wenn wir im Einklang mit unserem Wesen leben wollen und wenn das, was Gott uns an Möglichkeiten geschenkt hat, in uns aufblühen soll. Ein Abschied kann so Tor zu einer neuen, größeren Freiheit werden.

....

Abschied birgt letztlich ein Geheimnis
in sich. Indem wir den Abschied
bedenken, werden wir hineingeführt
in das Geheimnis unseres Lebens.

....

Literatur

Abschied vom Ich – Stationen der Alzheimer-Krankheit, hg. von der Alzheimer Gesellschaft Berlin, Verlag Herder, Freiburg 1992.

Gustl Angstmann, Abschiednehmen will gelernt sein. Chancen zum Neubeginn, Verlag Herder, Freiburg 1988.

Apophtegmata Patrum/ Weisung der Väter, übers. von Bonifaz Miller, Paulinus-Verlag, Trier 1965.

Karlheinz A. Geißler, Über das Gehen, das Beenden und das Loslassen. Abschiedsvorlesung am 20.12.2006, Privatdruck München 2007.

Peter Gülke, Musik und Abschied, Bärenreiter, Kassel, 4. Auflage 2015.

Abschiedlich leben. Umsiedeln – Entwurzeln – Identität suchen, hg. von Peer M. Pflüger, Walter Verlag, Olten, Freiburg 1991.

Ian Bostridge, Schuberts Winterreise. Lieder von Liebe und Schmerz, C.H. Beck, München 2015.

Christlicher Glaube in moderner Gesellschaft, Quellenband 6: Im Angesicht des Todes leben. Erarbeitet von Robert Scherer, Verlag Herder, Freiburg 1983.

Christlicher Glaube in moderner Gesellschaft. Quellenband 7: Auf der Suche nach dem unfassbaren Gott. Erarbeitet von Rudolf Walter und Albert Raffelt. Mit einem Essay von Heinz Zahrnt, Verlag Herder, Freiburg 1984.

Hilde Domin, Gesammelte Gedichte, Fischer Verlag, Frankfurt a. M. 1987.

Einfach leben. Themenheft: Wie einfach ist das Leben, hg. von Rudolf Walter, Verlag Herder, Freiburg 2016.

Einfach leben. Themenheft: Heimatgefühle, hg. von Rudolf Walter, Verlag Herder, Freiburg 2019.

Einfach leben. Themenheft: Älterwerden – wie geht das?, hg. von Rudolf Walter, Verlag Herder, Freiburg 2022.

Anselm Grün, Verwandle deine Angst. Ein Weg zu mehr Lebendigkeit – Spirituelle Impulse, Verlag Herder, Freiburg 2006.

Anselm Grün, Was will ich? Mut zur Entscheidung, Münsterschwarzach 2013.

Anselm Grün, Was gutes Leben ist. Orientierung in herausfordernden Zeiten, Verlag Herder, Freiburg 2020.

Anselm Grün, Der Weg ins eigene Herz. Wie Leben gelingt – Geschichten aus den Weltreligionen, Freiburg 2020.

Anselm Grün, Im Wandel wachsen. Wie wir freier, authentischer, gelassener und hoffnungsvoller werden können, Verlag Herder, Freiburg 2022.

Joachim Hake, Abschiede und Anfänge. Notizen, Eos, St. Ottilien 2015.

Hermann Hesse, Ausgewählte Werke. 6. Band, Suhrkamp, Frankfurt a. M. 1994.

Hermann Hesse, Das Lied des Lebens, Die schönsten Gedichte, Suhrkamp, Frankfurt a. M. 1986.

Verena Kast, Abschied von der Opferrolle, Verlag Herder, Freiburg 2019.

Reiner Kunze: die stunde mit dir selbst, S. Fischer Verlag, Frankfurt 2018.

Henning Scherf/ Annelie Keil, Das letzte Tabu: Über das Sterben reden und den Abschied leben lernen, Verlag Herder, Freiburg 2016.

Lexikon der Sekten, Sondergruppen und Weltanschauungen. Fakten, Hintergründe, Klärungen, hg. von Hans Gasper, Joachim Müller, Friederike Valentin, Verlag Herder, Freiburg 1990.

Cees Nootebom. Abschied. Gedicht aus den Zeiten des Virus. Zweisprachige Ausgabe. Aus dem Niederländischen von Ard Posthuma, Suhrkamp, Berlin 2021.

Fernando Pessoa, Alberto Caeiro. Dichtungen, Ammann, Zürich 1986.

Ruth Pfau, Leben ist anders, hg. von Rudolf Walter, Verlag Herder, Freiburg 2016.

Hans Georg Ruhe, Abschied. Ein Lesebuch, Kösel, München 1986.

Peter Schünemann, Lauter Abschiede. Ein Lesebuch, C.H. Beck, München 1996.

Katja Suding, Reißleine. Wie ich mich selbst verlor – und wiederfand, Verlag Herder, Freiburg 2022.

Pierre Teilhard de Chardin, Der göttliche Bereich. Ein Entwurf des inneren Lebens, Walter Verlag, Olten, Freiburg, 3. Aufl. 1963.

Friedrich Torberg, Die Tante Jolesch oder der Untergang des Abendlandes in Anekdoten, Langen-Müller, München 1977.

Elie Wiesel, Mit offenem Herzen, Ein Bericht zwischen Leben und Tod, Herder, Freiburg 2012.

Nur wer sich wandelt, bleibt sich treu

208 Seiten
Gebunden mit Schutzumschlag
ISBN 978-3-451-00788-0

Leben ist stets Wandlung und Prozess. Da gibt es Bruchstellen und Konflikte, Ängste oder Hoffnungen. Ständige Veränderung stellt uns vor Herausforderungen. Sie sind aber auch der Weg zu neuer Lebendigkeit. Anselm Grün stärkt die Zuversicht jedes Einzelnen auch in schwierigen Situationen. Er inspiriert zu Eigenständigkeit und innerer Stärke.

In jeder Buchhandlung!

HERDER